태을출판사

들어가는 말

21세기 글로벌 시대에 외국어 구사능력은 선택의 문제가 아닌 생존의 조건입니다.

영어는 기본이고 중국어·일본어·독일어·불어·서반아어 등 제2외국어를 소홀히 하다간 국내에서는 물론이고 국가간 경쟁에서도 뒤쳐질 수밖에 없기 때문입니다.

교육전문가들은 생활외국어를 제대로 익히기 위해선 외국어 교육이 혁신되어야 한다고 말합니다.

10년 이상 배워봐야 말 한마디 제대로 못하는 학교 영어 교육의 개편과 함께 제2외국어 교육의 내실화가 시급하다는 지적입니다.

외국어는 어렵습니다. 그러나 누구든지 할려고만 하면 '쉽게' 정복할 수가 있습니다.

이렇게 말하면 더러는 발론(反論)을 제기하는 사람도 있을 것입니다. 그러나 그것은 외국어의 근본을 모르고 있는 사람들의 한갓 변명에 불과할 뿐입니다. 어렵게 생각하면 이 세상의 모든 일들이 다 '어려운' 것입니다.

외국 사람들은, 세계에서 가장 배우기 힘든 '언어' 속에

'한국어'를 포함시키고 있습니다. 그 어려운 언어를 우리는 지금 자유자재로 구사하고 있습니다. 우리는 우리말에 대하여 어렵다고 생각해 본 적이 없습니다. 어린 시절, 걸음마를 배우면서부터 우리 자신도 모르게 낱말 한두 개씩을 중얼거리며 익혀오던 우리말입니다. 아직 엄마의 젖을 물고 있던 그 시절, 이미 우리는 무슨 말이든지 의사를 표현하고 받아들일 수가 있었습니다. 아주 자연스럽게 말입니다.

외국어도 이와 마찬가지입니다. 스스로 어렵다는 생각을 버릴 때, 비로소 쉬워지는 것이 외국어입니다.

우리가 어린 시절 수 년에 걸쳐서 우리말을 생활속에서 터득하였듯이, 외국어도 단시일 내에 뿌리까지 뽑겠다는 생각을 한다면 그것은 무리입니다. 단시일에 마스터 하겠다는 그 생각이 바로 외국어를 어렵게 만드는 것입니다.

쉽게 생각하고 쉽게 덤벼들면 쉽게 정복할 수 있는 것이 바로 외국어입니다.

지금 바로 이 순간부터 한번 시도해 보십시오. 당신은 이 책을 가까이 두고 실생활에서 익히는 동안 충분히 실감하게 될 것입니다.

국제언어교육연구회

차 례

들어가는 말   3
독일어의 글자와 발음   11

제1부 꼭 알아야 할 기본문법

독일어의 발음   14
  I. 모음(Vokale)   14
    1. 단모음(Einfache Vokale)   14
    2. 변모음(Umlaut)   15
    3. 복모음(Diphtonge)   16
  II. 자음(Konsonanten)   16
    1. 단자음과 중자음   16
    2. 복자음   19

제2부   기초 독일어 회화

1. 어떻게 지내십니까?   24
2. 이분은 누구십니까?   26
3. 당신은 어디서 오셨습니까?   28
4. 당신은 한국어를 할 줄 압니까?   30
5. 당신의 직업은 무엇입니까?   32
6. 전보   34
7. 그녀는 몇 살입니까?   36
8. 당신은 무엇을 드시겠습니까?   38
9. 당신은 뭘 원하십니까?   40
10. 그 책은 얼마입니까?   42
11. 지금 몇 시입니까?   44
12. 매점에서   46
13. 도대체 어디가 아프십니까?   48
14. 여보세요. 내 우편물이 있습니까?   50
15. 전화박스가 어디에 있습니까?   52
16. 전화번호   54
17. 저에게 필름 한 통을 주세요.   56
18. 그는 어디에 거주합니까?   58
19. 음식점에서   60
20. 여기 위반 딱지가 있습니다.   62
21. 비자   64

22. 어느 노선이 공항으로 갑니까? 66
23. 몇 시에? 68
24. 독일에 관하여 70
25. 기차 안에서 72
26. 공항에서 74
27. 한국에 대하여 76
28. 서울에 관하여 78
29. 한국에서 가장 큰 항구 80
30. 그 트렁크는 당신의 것입니까? 82
31. 날짜 84
32. 우리 만나자 86
33. 우리들의 집 88
34. 전화의 대화 90
35. 어떻게 공항으로 갑니까? 92
36. 차림표 좀 가져오세요. 94
37. 커피를 마시겠습니까? 96
38. 지불하고자 합니다. 98
39. 슈퍼마켓에서 100
40. 어디로 가십니까? 102
41. 학생 매점에서 104
42. 택시 승차장은 어디에 있습니까? 106
43. 호텔에서 108

44. 편지 한 통에 얼마입니까? 110
45. 치통(이가 아픔) 112
46. 거리에서 114
47. 선물 116
48. 나의 가족 118
49. 당신의 전화 번호는 어떻게 됩니까? 120
50. 들어오십시오! 122
51. 정거장으로 가는 길 124
52. 빈 방이 있습니까? 126
53. 영화관에 함께 갈까요? 128
54. 그것들은 누구의 것인가? 130
55. 차 안에서 132
56. 방해 좀 해도 될까요? 134
57. 그 기차는 어디에서 옵니까? 136
58. 쇼핑 138
59. 담배 가게에서 140
60. 미술관에서 142
61. 진열장에서 144
62. 빠에서 146
63. 같이 가자! 148
64. 계획 150
65. 옷가게어서 152

66. 그건 얼마입니까?   154
67. 그것은 얼마나 멉니까?   156
68. 당신은 기차를 타고 떠날 겁니까?   158
69. 여기서 우체국으로 어떻게 가야합니까?   160
70. 저에게 어떤 것을 설명해 줄 수 있습니까?   152
71. 그 집은 아직 비어 있습니까?   164
72. 우리는 식사를 주문하고 싶습니다.   166
73. 시청이 어디에 있습니까?   168
74. 이리 와서 차를 타라!   170
75. 여기에 주차시켜서는 안됩니다!   172
76. 전 제 돈을 되돌려 받고자 합니다.   174
77. 그것은 어디에 있습니까?   176
78. 진심으로 환영합니다.   178
79 건강   180
80. 음식점에서   182
81. 당신은 무엇을 선물하고자 합니까?   184
82. 당신과 동행해도 될까요?   186
83. 초대   188
84. 반갑습니다!   190
85. 그녀를 당신에게 소개해도 될까요?   192
86. 상점에서   194
87. 여기 택시가 있습니까?   196

88. 건강하십니까?　198
89. 당신은 몇 시에 일어나십니까?　200
90. 전 감기가 걸렸습니다.　202
91. 당신은 몇 살입니까?　204
92. 이곳에서 가깝습니까?　206
93. 당신은 어디를 구경하시길 원하죠?　208
94. 모자 가게에서　210
95. 구두가게에서　212
96. 이발소에서　214
97. 우체국에서　216
98. 어느 계절입니까?　218
99. 음악회에서　220
100. 당신의 직업은 무엇입니까?　222

독일어의 글자와 발음

A	a	[aː]	아아		N	n	[ɛn]	엔
B	b	[beː]	베에		O	o	[oː]	오오
C	c	[tseː]	체에		P	p	[peː]	페에
D	d	[deː]	데에		Q	q	[kuː]	쿠우
E	e	[eː]	에에		R	r	[ɛr]	에르
F	f	[ɛf]	에프		S	s	[ɛs]	에스
G	g	[geː]	게에		T	t	[teː]	테에
H	h	[hɑː]	하아		U	u	[uː]	우우
I	i	[iː]	이이		V	v	[fɑu]	파우
J	j	[jɔː]	요트		W	w	[vː]	베에
K	k	[kɑː]	카아		X	x	[iks]	익스
L	l	[ɛl]	엘		Y	y	[ˊyɔsilɔn]	윕실론
M	m	[ɛm]	엠		Z	z	[tsɛt]	체트

제1부

꼭 알아야 할 기본문법

독일어의 발음 (Aussprache)

독일어는 대체로 철자대로 발음하게 되고 씌어 있는 철자는 대개 모두 발음한다.

독일의 단어는 원칙상 악센트가 제1음절에 위치한다. 위치한다. 모음 다음에 오는 자음이 하나면 발음이 길고, 자음이 두 개 이상일 때에는 짧게 발음하는 것이 일반적인 원칙이다.

I. 모음 (Vokale)

1) 단모음 (Einfache Vokale)

a
- [a:]   아벤트 Abend(저녁)   나메 Name(이름)
- [a]   알트 alt(늙은)   바름 warm(따뜻한)

e
- [e:]   게―벤 geben(주다)   제― See(호수)
- [ɛ]   텔러 Teller(접시)   겔프 gelb(노란)
- [ə]   브릴레 Brille(안경)   탄테 Tante(아주머니)

		비—벨 Bibel(성경)	티—프 Tief(깊은)

i
- [i:]   비—벨 Bibel(성경)   티—프 Tief(깊은)
- [I]   비텐 bitten(요구하다)   핀덴 finden(발견하다)

o
- [o:]   로—벤 loben(칭찬하다)   브로—트 Brot(빵)
- [ɔ]   오펜 offen(열다)   도르프 Dorf(마을)

u
- [u:]   후—트 Hut(모자)   쿠—트 gut(좋은)
- [u]   눔머 Nummer(번호)   오프트 Oft(가끔)

2) 변모음(Umlaut)

ä
- [ɛ:]   메—트헨 Mädchen(소녀)   앤—리히 ähnlich(닮은)
- [ɛ]   메르츠 März(3월)   게쉐프트 Geschäft(상점)

(발음) [ɛ:] [에]와 [애]의 중간쯤 되는 발음으로
　　　　길게 [에—]와 [애—]의 중간 발음을 한다.

ö
- [ø:]   쇈- schön(예쁜)   죄—네 Söhne(아들들)
- [œ]   츠뵐프 zwölf(12)   쾨ㄴ넨 Können(할 수 있다)

(발음) [ø:] o의 소리를 낼 때의 입모양을 하고
[ə:] 소리를 내면 된다.

ü
- [y:] übung(연습) 위—붕, früh(일찍) 프뤼—
- [y] fünf(5) 퓐프, dürfen(~해도 좋다) 뒤르펜

3) 복모음(Diphtonge)

[ai]
- *a*i, ei Mai(5월) 마이, Eis(얼음) 아이스
- *a*y, ey Bayern(바이에른) 바이어른, Myeer 마이어

[au]*a*u aus(~에서부터) 아우스, blau(푸른) 블라우

[ɔy]eu, *ä*u heute(오늘) 호이테, Leute(사람들) 로이테

II. 자음(Konsonanten)

1) 단자음과 중자음

b
- [b] b,bb Baum(나무) 바움, Ebbe(썰물) 에베
- [p] b halb(~의 반) 할프, gelb(노란) 겔프

d	[d] d, dd	당켄 danken(고맙다)	에다 Edda(책명)
	[t] d	한트 Hand(손)	운트 und(그리고)
g	[g] g, gg	가르텐 Garten(정원)	플라게 Flagge(기)
	[k] g	타크 Tag(날)	마크트 Magd(하녀)
c	[k]	카페 Café(카페)	카르멘 Carmen(인명)
	[ts]	치르카 circa(대략)	치케로 Cicero(인명)
	[tʃ]	첼로 Cello(첼로)	쳄바로 Cembalo(악기명)
f [f] f, ff		플리―겐 fliegen(날다)	파―렌 fahren(가다)
v	[f] v	파터 Vater(아버지)	폰 von(~부터)
	[v] v	바제 Vase(꽃병)	클라비어 Klavier(피아노)
w [v] w		브 wo(어디에)	바겐 wagen(차)
h	[h] h	힘멜 Himmel(하늘)	훈트 Hund(개)
	묵음	게― gehen(가다)	슈― Schuh(구두)
ig [Iç] ig		쾨니히 König(왕)	에비히 ewig(영원한)

기본
문법

s	[s] s, ss	하우 Haus(집)
		포스트 Post(우체국)
	[z] s	젠— sehen(보다)
		존네 Sonne(태양)
t	[t] t, tt	탄테 Tante(아주머니)
		트레텐 treten(들어가다)
	[ts] t	나치온 Nation(국가)
		렉치온 Lektion(과)
j [j] j		야 ja(예)
		융에 Junge(소년)
k [k] k		크나베 Knabe[소년]
		콤멘 Kommen(오다)
l [l] l, ll		레벤 Leben(인생)
		람페 Lampe(전등)
m [m] m, mm		만 Mann(남자)
		무터 Mutter(어머니)
n [n] n, nn		나인 nein(아니다)
		나메 Name(이름)
p [p] p, pp		플란 Plan(계획)
		포스트 Post(우체국)
r [r] r, rr, rh		라인 Rhein(라인강)
		라이제 Reise(여행)
x [ks] x		텍스트 Text(본문)
		탁시 Taxi(택시)
y	[y:] y	팁 Typ(유형)
		리리크 Lyrik(서정시)
	[y] y	짐볼 Symbol(상징)
		미스티크 Mystik(신비설)

z [ts] z　　Zahr(치아)　　　　zy(~로)
　　　　　　찬　　　　　　　　추

2) 복자음

ch
- [x]　Buch(책)　　　　　noch(후에)
　　　　브흐　　　　　　　노흐
- [ç]　ich(나는)　　　　　Mädchen(소녀)
　　　　이히　　　　　　　메트헨
- [k]　Christ(크리스트)　　Chor(합창)
　　　　크리스트　　　　　코르

※ ch는 a, o, au, u 뒤에 있을 때는 [아하]처럼 소리난다 하여 Ach-Laut 라고 하며, [x]라고 표시하고 앞모음에 따라 ach(ax 아하), och(ɔx 오호) uch(uix 우흐)로 발음된다. 그 밖의 모음 뒤에는 독일어로 「나」라는 뜻의 「이히」처럼 난다 하여 Ich-Laut 라고 하며 [ç 히]로 표시한다.

chs [ks]　sechs(여섯)　　　Fuchs(여우)
　　　　　젝스　　　　　　 푹스

ds ─┐　abends(저녁에)　　vollends(충분히)
　　　아벤츠　　　　　　　폴렌츠

ts　 │[ts]　nichts(~아닌)　　nachts(밤에)
　　　니히츠　　　　　　　나하츠

tz ─┘　sitzen(앉아 있다)　 Satz(문장)
　　　지첸　　　　　　　　자츠

ng [ŋ]	랑잠 langsam(천천히)	프릴링 Frühling(봄)
nk [ŋk]	링크 link(왼쪽의)	뎅켄 denken(생각하다)
sch [ʃ]	슐레 Schule(학교)	슈에 Schuhe(구두)
sp ┌[ʃp] └[sp]	슈프라헤 Sprache(언어) 크노스페 Knospe(꽃봉오리)	슈포르트 Sport(스포츠) 리스펠른 lispeln(속삭이다)
st ┌[ʃt] └[st]	슈텐- stehen(서다) 펜스터 Fenster(창문)	슈타트 Stadt(도시) 에어스트 erst(처음에)
pf ┌[pf] └[f]	앞펠 Apfel(사과) 포토 Photo(사진)	콥프 Kopf(머리) 텔레폰 Telephon(전화)

qu [kv]	쿠벨레 Quelle(샘)	베쿠벰 bequem(안락한)
dt [t]	슈타트 Stadt(도시)	반테 wandte(불었다)
th [t]	테아터 Theater(극장)	테마 Thema(주제)
tsch [tʃ]	도이취 Deutsch(독일어)	파이췌 Peitsche(채찍)
ß [s]	하이센 heißen(부르다)	이스트 ißt(먹다)

제 2 부

기초 독일어회화

1. 어떻게 지내십니까?

Ⓐ 안녕하세요 박선생!

Ⓑ 안녕하세요 김선생!

Ⓐ 어떻게 지내십니까?

Ⓑ 감사합니다. 잘 지냅니다.

　　당신은 어떻게 지내십니까?

Ⓐ 감사합니다. 아주 잘 지내고 있습니다.

WORDS & PHRASES

- Wie : 어떻게(영어의 How)
- geht : gehen(가다, 지내다)의 동사변화 형태
- es : 그것은(영어의 it)
- Ihnen : Sie (당신은)의 3격⇒당신에게 존칭을 나타낸다.
- gut : 좋은
- Herr : '씨', '선생님' 주로 성인 남자에게 사용함

wie geht es Ihnen?
비이 게트 에스 이넨

간단한 인사

Ⓐ Guten Tag, Herr Park!
　구텐　탁　헤어　박

Ⓑ Guten tag, Herr Kim!
　구텐　탁　헤어　김

Ⓐ Wie geht es Ihnen?
　비이　게트　에스　이넨

Ⓑ Danke, schön. Und wie
　당케　쇤　운트　비이

　geht es Ihnen?
　게트　에스　이넨

Ⓐ Danke, sehr gut.
　당케　제어　굿

기본적인 인사

▶ 안녕하세요?(아침인사)

　Guten Morgen!
　구텐 모르겐

▶ 안녕하세요?(낮인사)

　Guten Tag!
　구텐 탁

▶ 안녕하세요?(저녁인사)

　Guten Abend!
　쿠텐 아벤트

2. 이 분은 누구십니까?

Ⓐ 이 분은 누구십니니까?

Ⓑ 이 분은 문호입니다.

Ⓐ 반갑습니다.

내 이름은 한스라고 합니다.

Ⓒ 반갑습니다.

내 이름은 문호라고 합니다.

Words & Phrases

- Wer : 누구(영어의 Who)
- ist : sein(~이다)의 3인칭 동사 변화로써 er(그는), sie(그녀는), es(그것은)에서 ist 이다
- Freut : Freuen(기쁘다, 즐겁다)의 3인칭 동사 변화
- Mein : 나의(영어의 my)
- Name : 이름

Wer ist das
베어 이스트 다스

간단한 인사

Ⓐ **Wer ist das?**
베어 이스트 다스

Ⓑ **Das ist Mun-ho.**
다스 이스트 문호

Ⓐ **Freut mich!**
프로이트 미히

Mein Name ist Hans.
마인 나메 이스트 한스

Ⓒ **Freut mich!**
프로이트 미히

Mein Name ist Mun-ho.
마인 느메 이스트 문호

기본적인 인사

▶안녕!(친구와 헤어질 때)

Tschüß!
취쓰

▶안녕히 가세요!

Auf Wiedersehen!
아우프 비더젠

▶다음에 봅시다!

Bis demnächst!
비스 뎀낵스트

3. 당신은 어디서 오셨습니까?

Ⓐ 실례합니다.

 당신은 어디에서 오셨습니까?

Ⓑ 독일에서 왔습니다. 당신은요?

Ⓐ 영국에서 왔습니다.

Ⓑ 당신은 영국인입니까?

Ⓐ 네. 전 영국사람입니다.

Words & Phrases

- Woher : 어디에서
  (Woher kommen Sie : 당신은 어디 출신입니까?)
- kommen : 오다
- Sie : 당신은
- Entschuldigung : 미안합니다, 실례합니다.
- Aus : (전치사) ~에서, ~로부터
- Deutschland : 독일, 독일인(Deutschländer)
- England : 영국, 영국의(Engländer)

Woher kommen Sie?
<small>보헤어 콤멘 지이</small>

간단한 인사

<small>엔트슐디궁</small>
Ⓐ **Entschuldigung!**

<small>보헤어 콤멘 지이</small>
Woher kommen Sie?

<small>아우스 도이칠란트 운트 지이</small>
Ⓑ **Aus Deutschland, und Sie?**

<small>아우스 엥글란트</small>
Ⓐ **Aus England?**

<small>진트 지이 엥글랜더</small>
Ⓑ **Sind Sie Engländer?**

<small>야 이히 빈 엥글랜더</small>
Ⓐ **Ja, ich bin Engländer?**

WORDS & PHRASES

- **sind** : sein(이다) 동사의 존칭 Sie에 따른 동사 sein 변화이다.

주어	동사		
ich(나는)	- bin	wir(우리들은)	- sind
du(너는)	- bist	ihr(너희들은)	- seid
er, sie, es	- ist	sid(그들은)	- sind
(그는) (그녀는) (그것은)			

- **Ja** : 네, 맞다

4. 당신은 한국어를 할 줄 압니까?

Ⓐ 이 분은 리아트 씨입니다.

Ⓑ 반갑습니다 !

　　당신은 어디에서 오셨는지요?

Ⓒ 나는 이집트에서 왔습니다.

Ⓑ 당신은 독일어를 잘 말하는군요.

　　그럼 당신은 한국어도 할 줄 압니까?

Ⓒ 아뇨. 유감스럽게도 하지 못해요.

WORDS & PHRASES ㉜

- sprechen : 말하다(영어의 speak)
- koreanisch : 한국어, 한국의(한국: Korea)
- Freuen : 반갑다, 기쁘다
- mich : 나를
- nein : 아니다

30

슈프레켄 지이 코레아니쉬
Sprechen Sie koreanisch?

한국어

    다스 이스트 헤어 리아트
Ⓐ **Das ist Herr Riad.**

    프로이트 미히
Ⓑ **Freut mich!**

   보헤어 콤멘 지이
Woher kommen Sie?

   이히 콤메 아우스 애깁텐
Ⓒ **Ich komme aus Agypten.**

   지이 슈프레헨 굿 도이취
Ⓑ **Sie sprechen gut Deutsch!**

   슈프레켄 지이 아우크 코레아니쉬
Sprechen Sie auch koreanisch?

   나인 라이더 니히트
Ⓒ **Nein, leider nicht.**

WORDS & PHRASES

- leider : 유감스럽게도
- nicht : ~이 아닌(영어의 not)

5. 당신의 직업은 무엇입니까?

Ⓐ 안녕하세요 노이만씨!

Ⓑ 안녕하세요 박씨!

Ⓐ 당신 직업이 뭐죠?

Ⓑ 난. 운동선수입니다.

Ⓐ 건강하신지요?

Ⓑ 네. 건강합니다.

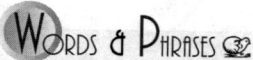

- Was : 무엇(영어의 what)
- Sportsmann : m 스포츠맨
- gesund : 건강한
  cf. 아픈 : krank

Was Sind Sie?
바스 진트 지이

직업

Ⓐ Guten Tag, Herr Neumann!
구텐 탁 헤어 노이만

Ⓑ Guten Tag, Herr Park!
구텐 탁 헤어 박

Ⓐ Was sind Sie?
바스 진트 지이

Ⓑ Ich bin Sportsmann.
이히 빈 스포츠만

Ⓐ Sind Sie gesund?
진트 지디 게준트

Ⓑ Ja, ich bin gesund.
야 이히 빈 게준트

감사의 인사

▶ 고맙습니다!
Danke!
당케

▶ 대단히 고맙습니다!
Danke schön!
당케 쇤

▶ 도와주어서 대단히 고맙습니다!
Vielen Dank für Ihre Hilfe.
필렌 당크 뷔어 이레 힐퍼

6. 전 보

Ⓐ 안녕하세요!

Ⓑ 안녕하세요!

Ⓐ 당신이 Neumann씨 인가요?

Ⓑ 네. 내 이름이 Neumann입니다.

Ⓐ 저, 여기 전보가 있습니다.

Ⓑ 감사합니다.

Ⓐ 안녕히 가세요.

WORDS & PHRASES

- Telegramm : 전보
- Bitte : 청, 부탁. bitte! : 어서, 아무쪼록, 제발이라는 뜻으로 무엇을 부탁할 때 스인다. 영어의 please와 거의 비슷하게 사용된다.
- viel : 많은

Ein Telegramm
_{아인 텔레그람}

전보

Ⓐ Guten Tag!
_{구텐 탁}

Ⓑ Guten Tag!
_{구텐 탁}

Ⓐ Sind Sie Herr Neumann?
_{진트 지이 헤어 노이만}

Ⓑ Ja, mein Name ist Neumann.
_{야 마인 나메 이스트 노이만}

Ⓐ Bitte, hier ist das Telegramm.
_{비테 히어 이스트 다스 텔레그람}

Ⓑ Vielen Dank!
_{필렌 당크}

Ⓐ Auf Wiedersehen!
_{아우프 비더젠}

Words & Phrases

- auf wiedersehen : (헤어질 때 인사) 안녕히 가세요.
  wiedersehen 다시 만나자.

7. 그녀는 몇 살입니까?

Ⓐ 이 분은 누구죠?

Ⓑ 나의 아들입니다.

Ⓐ 당신의 아들은 몇 살입니까?

Ⓑ 3살이예요

Ⓐ 그러면 이 아이는 누구죠?

당신의 딸입니까?

Ⓑ 네. 나의 딸입니다.

Ⓐ 몇 살입니까?

Ⓑ 5살입니다.

Wie alt ist sie?
비이 알트 이스트 지이

가족 소개

ⓐ Wer ist das?
베어 이스트 다스

ⓑ Das ist mein Sohn.
다스 이스트 마인 존

ⓐ Wie alt ist ihr Sohn?
비이 알트 이스트 이어 존

ⓑ Er ist drei Jahre alt.
에어 이스트 드라이 야레 알트

ⓐ Und wer ist das?
운트 베어 이스트 다스

Ist das Ihre Tochter?
이스트 다스 이레 토크터

ⓑ Ja, das ist meine Tochter.
야 다스 이스트 마이네 토크터

ⓐ Wie alt ist sie?
비이 알트 이스트 지이

ⓑ Fünf Jahre alt.
퓐프 야레 알트

37

8. 당신은 뭘 드시겠습니까?

Ⓐ 당신은 무엇을 드시겠습니까?

Ⓑ 콜라 좀 주세요.

당신도 콜라를 드시겠어요?

Ⓐ 아뇨, 오히려 맥주를 먹겠습니다.

당신도 맥주를 마시겠어요?

Ⓑ 네. 마시겠습니다.

WORDS & PHRASES

- nehmen : 잡다, 쥐다, 먹다
- ein : (부정관사)   남성일 때 : ein Mann(한 남자)
  하나   여성일 때 : eine Frau(한 여자)
              중성일 때 : ein Buch(책 한 권)
- auch : 또한, 역시
- lieber : 오히려, 차라리
- Trinken : 마시다

Was nehmen Sie?
바스 네멘 지이

간단한 음료

ⓐ Was nehmen Sie?
바스 네멘 지이

ⓑ Ein Cola, bitte.
아인 콜라 비테

Nehmen Sie auch Cola?
네멘 지이 아우크 콜라

ⓐ Nein, lieber Bier
나인 리버 비어

Trinken Sie auch ein Bier?
트링켄 지이 아우크 아인 비어

ⓑ Ja, bitte.
야 비테

사과의 인사

▶ 죄송합니다!
Entschuldigung!
엔트슐디궁

▶ 미안합니다!
Verzeihung!
페어짜이웅

▶ 늦어서 죄송합니다.
Entschuldigen Sie bitte die Verspätung.
엔트슐디겐 지 비테 디 페어슈패퉁

9. 당신은 뭘 원하십니까?

Ⓐ 당신은 담배를 피우시겠습니까?

Ⓑ 아닙니다. 나는 담배를 피우지 못해요.

Ⓐ 당신 커피 한 잔을 드시겠어요?

Ⓑ 네. 좋습니다.

다만 우유만 섞어서요.

WORDS & PHRASES

- möchten : 원하다, 주로 존대해서 물을 때 사용한다.
  mögen(좋아하다)의 접속법 형태임
- Zigarette : f. 담배
- Nein, danke : 아닙니다(정중히 거절할 때 danke를 붙인다.)
- Tasse : f. 잔
- gern : 즐거이, 기꺼이
- nur : 다만
- mit : (전치사) ~와 함께
- Milch : f. 우유

Was möchten Sie?
바스 뫼히텐 지이

원하는 것

Ⓐ Möchten Sie eine Zigarette?
뫼히텐 지이 아이네 지가레테

Ⓑ Nein danke, ich rauche nicht!
나인 당케 이히 라우케 니히트

Ⓐ Möchten Sie eine Tasse Kaffee?
뫼히텐 지이 아이네 타쎄 카페

Ⓑ Ja, gerne!
야 게르네

Nur mit milch, bitte!
누어 미트 밀히 비테

처음 만났을 때

▶ 안녕하세요, 제 이름은 김입니다.
구텐 탁 이히 하이쎄 김
Guten Tag, ich heiße Kim.

▶ 대단히 반갑습니다.
제어 에어프로이트
Sehr erfreut!

▶ 만나서 반갑습니다.
이히 프로이에 미히 지 켄넨쭈레르넨
Ich freue mich, Sie kennenzulernen.

10. 그 책은 얼마입니까?

Ⓐ 그 책은 얼마입니까?

　　나는 그 책을 사고 싶습니다.

Ⓑ 네. 그것은 2마르크 50페니히입니다.

Ⓐ 여기 10마르크가 있습니다.

Ⓑ 감사합니다. 10마르크를 받았습니다.

　　여기 7마르크 50페니히를 거슬러 드립니다.

Ⓐ 감사합니다. 안녕히 가십시오.

WORDS & PHRASES

- kosten : 비용이 들다
- Buch : n. 책
- DM : 독일 화폐의 단위(=Deutsche Mark)
    1DM = eine Mark(Mark는 여성명사임.)
    1.50DM = eine Mark fünfzig

서점에서

바스 코스테트 다스 부크
Was Kostet das Buch?

바스 코스티트 다스 부크
Ⓐ Was kostet das Buch?

이히 뫼히터 디스 부크
Ich möchte das Buch.

비테 제어 다스 마크트 쯔바이마르크핀프지히
Ⓑ Bitte sehr! Das macht 2. 50DM.

히어 진트 첸 마르크
Ⓐ Hier sind zehn Mark.

당케 첸 마르크
Ⓑ Danke, zehn Mark.

운트 히어 지번 핀프지히 마르크 주릭크
Und hier 7. 50DM zurück.

당케 아우프 비더젠
Ⓐ Danke! Auf Wiedersehen!

Words & Phrases

0.01DM = ein pfennig
- zurück : 뒤로, 되돌려서

11. 지금 몇 시입니까?

Ⓐ 언제 여기에 그 버스가 옵니까?

Ⓑ 10시경에 옵니다.

Ⓐ 지금 몇 시입니까?

Ⓑ 10시 10분 전입니다.

Ⓐ 아직 시간이 많이 남았군요.

하지만 기다리지요.

WORDS & PHRASES

- wieviel : 얼마, 어느 정도
- gegen 10 Uhr : 10시경에,
   kurz vor 10 Uhr : 10시 직전,
   um 10 Uhr : 정각 10시에,
   kurz nach 10 Uhr : 10시 직후
- vor : ~전(before)
- jetzt : 지금
- Uhr : f. 시간, 시계.

Wieviel Uhr ist es jetzt?
비필 우어 이스트 에스 예츠트

시간

Ⓐ **Wann kommt Bus der hier?**
반 콤트 부스 데어 히어

Ⓑ **Gegen zehn Uhr.**
게겐 첸 우어

Ⓐ **Wieviel Uhr ist es jetzt?**
비필 우어 이스트 에스 예츠트

Ⓑ **Es ist zehn vor zehn**
에스 이스트 첸 포아 첸

Ⓐ **Das dauert aber noch lange,**
다스 다우어트 아버 노흐 랑에

aber ich warte.
아버 이히 바르테

Words & Phrases

- dauern : 걸리다(시간이)
- aber : 그러나
- noch : 아직도
- lang : 오랜
- warten : 기다리다

12. 매점에서

Ⓐ 네, 저 뭘 원하십니까?

Ⓑ 야! 난 배고파

Ⓒ 나도 그래.

그렇지만 우리는 5마르크 밖에 없잖아.

Ⓑ 우리 햄버거 두 개와

맥주 한 병을 사자.

Ⓒ 그건 너무 많아.

그건 5마르크 20페니히야.

Words & Phrases

- Kiosk : 유럽에 있는 거리의 매점
- Mensch : 인간, (경멸적으로) 놈!
- Hunger : 배고픔
- haben : 가지다.

Am Kiosk
<small>암 키오스크</small>

매점에서

Ⓐ **Ja, bitte? Was möchten Sie?**
<small>야 비테 바스 뫼히텐 지이</small>

Ⓑ **Mensch, ich habe Hunger!**
<small>멘쉬 이히 하베 훙어</small>

Ⓒ **Ich auch,**
<small>이히 아우크</small>

aber wir haben nur 5 Mark.
<small>아버 비어 하벤 누어 퓐프 마르크</small>

Ⓑ **Nehmen wir 2 Hamburger**
<small>네멘 비어 쯔바이 함부르거</small>

und eine Flasche Bier!
<small>운트 아이네 플라쉐 비어</small>

Ⓒ **Das ist zuviel!**
<small>다스 이스트 쭈필</small>

Das macht 5. 20!
<small>다스 마크트 퓐프 마르크 쯔반찌히</small>

WORDS & PHRASES

- nehmen : 취하다, 가지다
- Flasche : f. 병
- zuviel : 너무 많은

13. 도대체 어디가 아프십니까?

Ⓐ 도대체 어디가 아프십니까?

Ⓑ 네 목이 아파요.

Ⓐ 아! 목요. 한번 보여주시죠!

네, 목이 빨개요.

Ⓑ 어떻습니까?

Ⓐ 상태가 나쁘군요.

당신은 벌써 오래전에 아팠나요?

Ⓑ 아뇨. 겨우 2일째입니다.

WORDS & PHRASES

- denn : 도대체, ~ 때문에
- Hals : m. 목
- tun : ~하다
- schlecht : 나쁜
- Schmerzen : f. 고통, 아픔
- schon : 이미, 벌써

Was fehlt Ihnen denn?

병원에서

Ⓐ Was fehlt Ihnen denn?
바스 펠트 이넨 덴

Ⓑ Mein Hals tut weh.
마인 할스 투트 베

Ⓐ Aha, der Hals; Zeigen Sie bitte mal!
아하 데어 할스 자이겐 지이 비테 말

Ja, Ihr Hals ist rot.
야 이어 할스 이스트 로트

Ⓑ Wie bitte?
비이 비테

Ⓐ Schlecht!
슐레히트

Haben Sie den Schmerz schon lange?
하벤 지이 덴 슈메르쯔 숀 랑에

Ⓑ Nein, erst 2 Tage.
나인 에-스트 쯔바이 타게

Words & Phrases 32

- weh : 아픈
- Zeigen : 보이다
- mal : (=einmal) 한 번
- lang : 긴, 오랜
- erst : 첫번째, 겨우
- Tag : m. 날, 낮

14. 여보세요. 내 우편물이 있습니까?

Ⓐ 여보세요. 거기에 내 우편물이 있습니까?

Ⓑ 당신의 이름이 어떻게 됩니까?

Ⓐ 나는 Karl Braun 입니다.

Ⓑ 네. 편지가 한 통 있습니다.

Ⓐ 감사합니다. 나는 그것을 가지고

가서 사무실에서 읽겠습니다.

WORDS & PHRASES

- Post : f. 우체국, 우편물
- da : 거기에(막연한 지시)
- heißen : 부르다, 불리다. 주로 자기 이름을 말할 때
  Ich heiße ○○○.
- Brief : m. 편지
- nehme~mit : mitnehmen 을 분철한 것이며 뜻은 가지고 가다.

Bitte, ist meine Post da?
비테 이스트 마이네 포스트 다아

우편물

ⓐ **Bitte, ist meine Post da?**
비테 이스트 다이네 포스트 디아

ⓑ **Wie ist Ihr Name?**
비이 이스트 이어 나메

ⓐ **Ich heiße Karl Braun.**
이히 하이세 칼 브라운

ⓑ **Ja, Sie haben einen Brief.**
야 지이 하벤 아이넨 브리프

ⓐ **Danke, ich nehme ihn mit**
당케 이히 네메 인 미트

und lese ihn im Büro.
운트 레제 인 임 뷔로

WORDS & PHRASES

- lesen : 읽다(책을)
- Büro : n. 사무실
- wie ist Ihr Name? 의 대답형식으로
  Ich heiße Karl Braun.

15. 전화박스가 어디에 있습니까?

STEP STEP

Ⓐ 전화박스가 어디에 있습니까?

Ⓑ 곧바로 가다가 오른쪽에 있습니다.

Ⓐ 여보세요. 저는 김입니다.

Ⓒ 저는 뮐러인데요. 안녕하세요 김씨!

Ⓐ 안녕하세요. 뮐러씨. 당신은 오늘

오후에 시간이 있나요?

Ⓒ 아뇨. 유감스럽지만 없는데요.

WORDS & PHRASES

- Telefon : n. 전화(기), Telefonzelle : f. 전화박스
- Geradeaus : 똑바로, gerade : 곧은, 반듯한
- rechts : 오른편, links: 왼편
- Hallo! : 여보세요!
- heute : 오늘

보 이스트 디 텔레폰젤레
Wo ist die Telefonzelle?

전화 박스

보 이스트 디 텔레폰젤레
Ⓐ **Wo ist die Telefonzelle?**

게라데아우스 운트 레히트
Ⓑ **Geradeaus und rechts.**

할로 히어 이스트 김
Ⓐ **Hallo! Hier ist Kim**

히어 이스트 뮐러
Ⓒ **Hier ist Müller.**

구텐 탁 헤어 김
Guten Tag, Herr Kim!

구텐 탁 헤어 뮐러
Ⓐ **Guten Tag, Herr Müller!**

하벤 지 호이테 나크미탁 차이트
Haben Sie heute nachmittag Zeit?

나인 라이더 니히트
Ⓒ **Nein, leider nicht.**

WORDS & PHRASES

- nachmittag : 오후
- Zeit : f. 시간
- leider : 유감스럽게도

16. 전화번호

Ⓐ 이곳 당신의 전화번호는 어떻게 됩니까?

Ⓑ 3 4 - 5 6 - 1 8

Ⓐ 어떻게 된다구요?

Ⓑ 제가 적어드리죠.

3 - 4 - 5 - 6 - 1 - 8

Ⓐ 실례지만 여기에 우체국이 있습니까?

Ⓑ 네 똑바로 정거장까지 가서

그리고 나서 오른쪽에 있습니다.

Words & Phrases

- Telefonnummer : f. 전화번호
- schreiben : 쓰다, 적다
- Post : f. 우체국
- bis : ～까지

Die Telefonnummer

A: Wie ist Ihre Telefonnummer hier?

B: Drei vier — fünf sechs — eins acht.

A: Wie bitte?

B: Ich schreibe,

3 — 4 — 5 — 6 — 1 — 8

A: Gibt es hier eine Post, bitte?

B: Ja, geradeaus bis zum Bahnhof und dann rechts.

WORDS & PHRASES

- zum : zu dem을 합침. zu는 ~로, ~에의 뜻임
- Bahnhof : m. 정거장, 역
- dann : 그런 후, 그리고 나서

17. 저에게 필름 한 통을 주세요.

Ⓐ 안녕하세요!

나는 필름 한 통을 사고 싶은데요.

Ⓑ 천연색으로요?

Ⓐ 네, 천연색 필름을 원합니다.

그것은 가격이 얼마죠?

Ⓑ 3마르크입니다.

Ⓐ 좋습니다. 나에게 필름 한 통을 주세요.

WORDS & PHRASES

- Fotogeschäft : n. 사진관
- Farbe : f. 색깔
- möchten : 원하다
- wieviel ; 얼마만큼
- Kosten ; 비용이 들다, 값이 ～이다

게벤 지이 미어 비테 아이넨 필름
Geben Sie mir bitte einen Film.

필름

구텐 탁
Ⓐ Guten Tag!

이히 뫼히테 아이넨 필름
Ich möchte einen Film.

파르베
Ⓑ Farbe?

야 이히 뫼히테 아이넨 파르프필름
Ⓐ Ja, ich möchte einen Farbfilm.

비필 코스테트 에어
Wieviel kostet er?

에어 코스테트 드라이 마르크
Ⓑ Er kostet drei Mark.

굿 게벤 지이 미어 비테 아이넨 필름
Ⓐ Gut. Geben Sie mir bitte einen Film.

자기 소개

▶ 안녕하십니까, 제 이름은 김입니다.
구텐 탁 마인 나메 이스트 김
Guten Tag, mein Name ist Kim.

▶ 저는 한국에서 왔습니다.
이히 콤메 0-우스 코레아
Ich komme aus Korea.

18. 그는 어디에 거주합니까?

Ⓐ 그는 어디에 거주합니까?

Ⓑ 그는 그의 아저씨집에 거주합니다.

Ⓐ 그는 언제 집에서 나갑니까?

Ⓑ 아침식사 후 그는 집을 나갑니다.

Words & Phrases

- Wo : 어디에(영어의 where)
- wohnen : 거주하다, 살다
- bei : ~의 옆에, 그러나 wohnen과 같이 쓰일 때는 '~의 집에서'란 뜻이다
- sein : 그의
- Onkel : n. 아저씨
- Wann : 언제(영어의 when)
- gehen : 가다
- aus : ~에서, ~의 밖으로
- nach : ~후에
- Frühstück : n. 아침식사

거주

Wo wohnt er?
보 본트 에어

ⓐ Wo wohnt er?
   보 본트 에어

ⓑ Er wohnt bei seinem Onkel.
   어어 본트 바이 자이넴 옹켈

ⓐ Wann geht er aus dem Haus?
   반 게트 에어 아우스 뎀 하우스

ⓑ Nach dem Frühstück geht er
   나크 뎀 프리슈틱 게트 에어

   aus dem Haus.
   아우스 뎀 하우스

자기 소개

▶저는 한국 사람입니다.
  이히 빈 코레아너
  Ich bin Koreaner.

▶저는 학생입니다.
  이히 빈 슈투덴트
  Ich bin Student.

▶저는 독일어를 잘 못합니다.
  이히 칸 니히트 굿 도이취
  Ich kann nicht gut Deutsch.

19. 음식점에서

Ⓐ 맛있게 들어!

Ⓑ 고마워 많이 들어!

Ⓐ 나는 감자를 넣지 않은 생선 요리를 먹어.

Ⓑ 너는 감자를 먹지 않니?

Ⓐ 아니, 나는 너무 뚱뚱해 질 테니까.

나는 스프를 즐겨 먹어.

WORDS & PHRASES

- Appetti : m. 식욕
- Gaststätte : f. 음식점
- Mahlzeit : f. 식사, 음식물
- essen : 먹다.
- Kartoffeln : f. 감자
- dick : 두터운, 뚱뚱한
- werden : ～이 되다
- gern : 기꺼이, 즐거이
- ohne : ～없이
- nehmen : 가지다

In der Gaststätte
인 데어 가스트슈테테

음식점에서

Ⓐ **Guten Appetit!**
구텐 아페티트

Ⓑ **Danke, mahlzeit!**
당케 말차이트

Ⓐ **Ich esse Fisch ohne Kartoffeln.**
이히 에쎄 피쉬 오네 카르트오펠른

Ⓑ **Nimmst du keine Kartoffeln?**
님스트 두 카이네 카르트오펠른

Ⓐ **Nein, Ich werde zu dick.**
나인 이히 베르데 추 딕크

Ich esse Suppe gern.
이히 에쎄 주페 게른

자기 소개

▶ 저는 결혼했습니다.
이히 빈 페어하이라테트
Ich bin verheiratet.

▶ 저는 미혼입니다.
이히 빈 레디히
Ich bin ledig.

▶ 저는 이혼했습니다.
이히 빈 게쉬덴
Ich bin geschieden.

20. 여기 위반 딱지가 있습니다.

Ⓐ 안녕하세요!

자동차의 정지등이 고장났군요.

당신은 그것을 알고 계시나요?

Ⓑ 무슨 말씀입니까?

저는 모르고 있는데요.

Ⓐ 당신 이름이 어떻게 됩니까?

Ⓑ 전 민준호라고 합니다.

Ⓐ 어디에 사시죠?

Ⓑ 혜화동에 삽니다.

히어 이스트 데어 제텔
Hier ist der Zettel

위반 딱지

구텐 모르겐
(A) Guten Morgen!

아인 스토프리히트 데스 바겐스 이스트 카푸트
Ein Stopplicht des Wagens ist kaputt.

비센 지기 다스
Wissen Sie das?

바스 자겐 지이
(B) Was sagen Sie?

이히 바이스 에스 니히트
Ich weiß es nicht.

비이 하이센 지이 비테
(A) Wie heißen Sie, bitte?

이히 하이세 민 준 호
(B) Ich heiße Min Jun-ho.

보 보넨 지이
(A) Wo wohnen Sie?

인 혜화동
(B) In HaeHwadong.

21. 비자

Ⓐ 안녕하세요! 저는 비자가 필요합니다.

저는 곧 독일로 갈려고 해요.

Ⓑ 안녕하세요! 당신은 얼마나

오랫동안 독일에 머무르실 건가요?

Ⓐ 3개월 이상을 머무르게 될 것입니다.

Ⓑ 그렇다면 비자가 필요하군요.

WORDS & PHRASES

- Visum : n (여권의) 사증(査證)
- Paß : m. 여권
- brauchen : 필요로 하다
- bald: 곧, 즉시
- nach : ~를 향하여

아인 비줌
Ein Visum

비자

<small>구텐 탁 이히 브라우케 아인 비줌</small>
Ⓐ Guten Tag! Ich brauche ein Visum

<small>이히 베르데 발트 나크 도이취란트 플리겐</small>
Ich werde bald nach Deutschland fliegen.

<small>구텐 탁</small>
Ⓑ Guten Tag!

<small>비이 랑에 베르덴</small>
Wie lange werden

<small>지이 인 도이취란트 블라이벤</small>
Sie in Deutschland bleiben?

<small>메어 알스 드라이 모나테 베르데 이히 블라이벤</small>
Ⓐ Mehr als drei Monate werde ich bleiben.

<small>단 브라우켄 지이 아인 비줌</small>
Ⓑ Dann brauchen Sie ein Visum.

WORDS & PHRASES

- fliegen : 날다(비행기를 타고 가다)
- wie lange : 얼마나 오랫동안
- bleiben ; 머물다
- mehr : 더 많은, 더 큰
- Monat : m. 달(달력의)

22. 어느 노선이 공항으로 갑니까?

Ⓐ 실례합니다.

이것이 공항으로 가는 버스입니까?

Ⓑ 아니오. 그것은 역으로 가는 것입니다.

Ⓐ 어느 노선이 공항에 가는 것입니까?

Ⓑ 많은 버스 노선이 있습니다.

5번 노선이 갈아타지 않고

공항으로 갑니다.

WORDS & PHRASES

- Welch : 어느, 어떤
- Linie : f. 선, 노선
- fahren : 달리다, (차를)타고 가다
- Flughafen : m . 공항
- umsteigen : 갈아타다

벨케 리니에 페르트 쭘 풀룩하펜	버스 노선
Welche Linie fährt zum Flughafen?	

Ⓐ 엔트슐디궁
Entschuldigung!

이스트 다스 데어 부스 쭘 풀룩하펜
Ist das der Bus zum Flughafen?

Ⓑ 나인 에어 페르트 쭘 반호프
Nein, er fährt zum Bahnhof.

Ⓐ 벨케 리니에 페르트 쭘 풀룩하펜
Welche Linie fährt zum Flughafen?

Ⓑ 에스 깁트 필레 부스리니엔
Es gibt viele Buslinien.

디 리니에 퓐프 페르트 쭘
Die Linie fünf fährt zum

풀룩하펜 오네 움슈타이겐
Flughafen ohne Umsteigen.

다른 사람 소개

▶ 이 사람은 제 남편입니다.
다스 이스트 마인 만
Das ist mein Mann.

▶ 이 사람은 제 부인입니다.
다스 이스트 마이네 프라우
Das ist meine Frau.

23. 몇 시에?

Ⓐ 버스는 언제 옵니까?

  나는 이미 오래 그 버스를 기다렸습니다.

Ⓑ 2시 15분에 그 버스가 옵니다.

Ⓐ 실례지만 몇 시에요?

Ⓑ 2시 15분입니다.

Ⓐ 실례지만 지금 몇 시입니까?

Ⓑ 2시 15분 전입니다.

WORDS & PHRASES

- wann : 언제
- schon : 이미, 벌써
- nach : ~이후에, ~를 향하여
- warten : 기다리다
- auf : ~위로

Um wieviel Uhr?
움 비필 우어

버스 시간

Ⓐ **Wann kommt der Bus?**
반 콤트 테어 부스

Ich warte schon lange auf den Bus.
이히 바르테 숀 랑에 아우프 덴 부스

Ⓑ **Viertel nach zwei kommt der Bus.**
피어텔 느크 쯔바이 콤트 데어 부스

Ⓐ **Um wieviel Uhr, bitte?**
움 비필 우어 비테

Ⓑ **Um zwei Uhr fünfzehn.**
움 쯔바이 우어 핀프젠

Ⓐ **Wie spät ist es jetzt, bitte?**
비이 슈페트 이스트 에스 예츠트 비테

Ⓑ **Es ist Viertel vor zwei,**
에스 이스트 피어텔 포어 쯔바이

15 Minuten vor zwei.
핀프젠 미누텐 포어 쯔바이

Words & Phrases

- viertel : 1/4 15분
- fünfzehn : 15
- spät : 늦은 Wie spät ist es도 시각을 묻는 것이다
- dauern : 계속되다, (시간이)걸리다

24. 독일에 관하여

Ⓐ 독일은 어디에 위치하고 있습니까?

Ⓑ 독일은 유럽의 중심에 있습니다.

Ⓐ 독일에서 큰 강들은 무엇이라

불립니까?

Ⓑ 그것들은 라인 강, 도나우 강,

엘베 강이라 불립니다.

Ⓐ 라인 강변에 있는 유명한 도시들은

무엇입니까?

Ⓑ 그것은 쾰른, 본 그리고 마인쯔입니다.

Über Deutschland

독일에

Ⓐ Wo liegt Deutschland?

Ⓑ Es liegt Im Zentrum Europas.

Ⓐ Wie heißen die großen Flusse in Deutschland?

Ⓑ Sie heißen der Rhein, die Donau und die Elbe.

Ⓐ Was sind die berühmten Städte am Rhein?

Ⓑ Es sind Köln, Bonn und mainz.

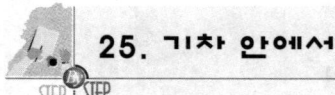

25. 기차 안에서

Ⓐ 안녕하세요?

그 자리가 아직 비어 있는지요?

Ⓑ 여기는 임자가 있지만,

아직 비어 있습니다.

Ⓐ 감사합니다.

Ⓑ 제가 당신을 도와드리겠습니다!

Ⓐ 감사합니다. 너무나 친절하시군요!

Ⓑ 그 손가방도 주세요.

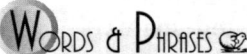

- Zug : m. 기차
- frei : 빈, 자유로운
- helfen : 돕다, 3격지배동사
- Platz : m. 자리
- besetzt : 채워진, 메워진

임 추크
Im Zug

기차에서

Ⓐ 구텐 탁
Guten Tag!

이스트 데어 플라쯔 노크 프라이
Ist der Platz noch frei?

Ⓑ 데어 히어 이스트 베제쯔트
Der hier ist besetzt.

아버 데어 이스트 노크 프라이
Aber der ist noch frei.

Ⓐ 필렌 당크
Vielen Dank.

Ⓑ 이히 헬페 이넨
Ich helfe Ihnen!

Ⓐ 당케 쇤 다스 이스트 아버 네트
Danke schön, das ist aber nett!

Ⓑ 디 타쉐 아우크
Die Tasche auch!

WORDS & PHRASES 32

- aber : 그러나로도 쓰이지만 '너무' 란 뜻으로도 사용된다
- nett : 말쑥한, 귀여운, 친절한
- nötig : 필요한

26. 공항에서

Ⓐ 그 기계는 부산으로 언제 가나요?

Ⓑ 11시 50분에 갑니다.

Ⓐ 비행기는 얼마나 오래 걸립니까?

Ⓑ 약 1시간 걸립니다.

Ⓐ 그러면 지금은 몇 시입니까?

Ⓑ 11시 2분입니다.

WORDS & PHRASES

- maschine : f. 기계, 기관
- etwa : 약, 얼마
- Stunde : f. 시간
- jetzt : 지금

Auf dem Flughafen
_{아우프 뎀 플룩하펜}

공항에서

Ⓐ Wann geht die maschine
_{반 게트 디 마쉬네}

nach Busan?
_{나크 부산}

Ⓑ Um 11. 50 Uhr.
_{움 엘프 핀프지히 우어}

Ⓐ Wie lange dauert der Flug?
_{비이 랑에 다우어트 데어 플룩}

Ⓑ Etwa 1 Stunde.
_{에트바아 디이네 스툰데}

Ⓐ Und wie spät ist es jetzt?
_{운트 비이 슈페트 이스트 에스 예츠트}

Ⓑ 11. 02 Uhr.
_{엘프 쯔바이 우어}

취미 생활에 대해

▶당신은 춤을 즐겨 추십니까?

Tanzen Sie gern?
_{탄첸 지이 게른}

▶당신은 얼마나 오랫동안 춤을 배우셨습니까?

Wie lange haben Sie die Tanz-stunde besucht?
_{비이 랑에 하벤 지이 디 탄츠 슈툰데 베주크트}

75

27. 한국에 대하여

Ⓐ 한국은 얼마나 오래 되었습니까?

Ⓑ 거의 5000년이 되었습니다.

Ⓐ 한국은 중국만큼 큰 나라입니까?

Ⓑ 아뇨. 한국은 중국보다는 아주 작습니다.

아시아에서 가장 작은 나라에 속하지만

가장 아름다운 나라이기도 하죠.

날씨는 특별히 좋고,

우리의 문화는 매우 찬란합니다.

Words & Phrases

- fast : 거의, 대략
- Jahre alt : 해, 年
- so ~ wie : ~만큼 ~하다
- China : 중국
- Klein : 작은
- gehören : ~에 속하다, 3격지배동사

위버 코레아
Über Korea

한국에 대하여

Ⓐ 비이 알트 이스트 코레아
Wie alt ist Korea?

Ⓑ 에스 이스트 파스트 핀프타우젠트 야레 알트
Es ist fast 5000 Jahre alt.

Ⓐ 이스트 에스 조 그로스 비이 키나
Ist es so groß wie China?

Ⓑ 나인 에스 이스트 필 클라이너 알스 키나
Nein, es ist viel kleiner als china.

에스 게회르트 쭈 덴
Es gehört zu den

클라인스텐 랜더른 인 아지엔
kleinsten Ländern in Asien,

아버 에스 이스트 다스 쇤스테 란트
aber es ist das schönste Land.

다스 배터 이스트 베존더스 쇤
Das Wetter ist besonders schön,

운저레 쿨투어 이스트 제어 헤르리히
Unsere Kultur ist sehr herrlich.

- Land : n. 주 나라, 연방
- besonders : 특히, 특별히
- Kultur : f. 문화
- wetter : n. 날씨
- Unser : 우리들의
- herrlich : 화려한, 찬란한

28. 서울에 관하여

Ⓐ 서울에서는 얼마나 많은 사람들이 살고 있습니까?

Ⓑ 800만이 넘습니다.

주민의 수는 점점 더 늘어나고 있지요.

Ⓐ 서울은 왜 문화의 중심지입니까?

Ⓑ 서울은 수도일 뿐만 아니라 한국의 중심에 위치하고 있습니다.

WORDS & PHRASES

- Mensch : m. 인간
- mehr : 더 많은, viel(많은)의 비교격.
- als : ~할 때, ~보다. mehr ~ als(~보다는 ~이다.)
- Million : f. 백만
- Zahl : f. 수(數)
- Einwohner : m. 주민

Über Seoul
위버 서울

서울에 관하여

Ⓐ Wie viele menschen wohnen in Seoul?
비이 필레 맨쉔 보넨 인 서울

Ⓑ mehr als acht millionen.
메어 알스 아크트 밀리오넨

Die Zahl der Einwohner wird immer größer.
디 잘 데어 아인보너 비어트 임머 그뢰써

Ⓐ Warum ist Seoul das Zentrum
바룸 이스트 서울 다스 젠트룸

der Kultur?
데어 쿨투어

Ⓑ Seoul ist nicht nur die Hauptstadt,
서울 이스트 니히트 누어 디 하웁트슈타트

sondern auch liegt im Zentrum Koreas.
존더른 아우크 릭트 임 젠트룸 코레아스

WORDS & PHRASES

- immer : 더욱더, 향상
  immer + 비교급 = 비교급 und 비교급(점점 더)
- Warum : 이유, 왜(영어의 Why)
- Hauptstadt : f. 수도
- nicht nur ~ sondern auch : ~뿐만 아니라 ~도

29. 한국에서 가장 큰 항구

Ⓐ 봄에는 사람들이 무엇을 즐겨합니까?

Ⓑ 사람들은 즐겨 소풍을 갑니다.

태양은 더욱더 따뜻하게 반짝이죠.

Ⓐ 한국에서 가장 큰 항구는 무어라

불립니까?

Ⓑ 그것은 부산항구죠.

부산은 국제교통에서 중요한 도시입니다.

WORDS & PHRASES ㉜

- Hafen : m. 항구
- machen : 하다.
- Frühling : m. 봄(die Sommer : 여름, der Herbst : 가을, der Winter : 겨울)
- Ausflug : m. 소풍
- Sonne : f. 태양

Der größte Hafen in Korea

항구

Ⓐ Was macht man gern im Frühling?

Ⓑ man macht gern Ausflug.

Die Sonne scheint immer wärmer.

Ⓐ Wie heißt der größte Hafen in Korea?

Ⓑ Er heißt Busan.

Es ist eine bedeutende Stadt für den internationalen Verkehr.

WORDS & PHRASES

- scheinen : 빛나다, 비치다
- warm : 따뜻한
- bedeutend : 중요한
- international : 국제적인
- Verkehr : f. 교통
- Auskunft : f. 간내, 알림

30. 그 트렁크는 당신의 것입니까?

Ⓐ 그 트렁크는 당신의 것입니까?

Ⓑ 아뇨. 제것이 아닙니다.

Ⓐ 여기 있는 트렁크는 누구것이지요?

당신들 것입니까?

Ⓒ 아뇨. 우리들것도 아닙니다.

Ⓓ 저기예요! 그의 것이예요!

WORDS & PHRASES

- Besitz : m. 소유, 점유
- verhaltnis : n. 관계, 사이
- Koffer : m. 트렁크, 큰 가방
- wem : wer(누구)의 3격으로써 '누구에게' 란 뜻
- gehören : ~에 속하다.
- uns : 우리들에게
- auch : 또한, 역시

게회르트 데어 코퍼 이넨
Gehört der Koffer Ihnen?

트렁크

게회르트 데어 코퍼 이넨
Ⓐ Gehört der Koffer Ihnen?

나인 미어 니히트
Ⓑ Nein, mir nicht.

뱀 게회르트 데어 코퍼 히어
Ⓐ Wem gehört der Koffer hier?

게회르트 더어 오이히
Gehört der euch?

나인 운스 게회르트 데어 아우크 니히트
Ⓒ Nein, uns gehört der auch nicht.

다 임
Ⓓ Da! ihm!

취미 생활에 대해

▶당신은 춤을 아주 잘 추시는 분이군요.
지이 진트 아인 제어 구터 텐쩌
Sie sind ein sehr guter Tänzer.

▶당신과 함께 춤을 추어 정말 즐거웠습니다.
이히 당케 이넨 제어 에스 바 아인 페어그뉘겐
Ich danke Ihnen sehr, es war ein Vergnügen,
미트 이넨 추 탄쩬
mit Ihnen zu tanzen.

31. 날짜

Ⓐ 넌 언제 휴가를 갈거니?

Ⓑ 아직 모르겠어요.

너는?

Ⓐ 화요일에 갈거야.

Ⓑ 10월 2일 화요일?

Ⓐ 아니 10월 9일 화요일에.

Words & Phrases

- Urlaub : m. 휴가
- du : 너는
- Dienstag : m. 화요일
  Sonntag(일요일), Montag(월요일), Dienstag(화요일)
  Mittwoch(수요일), Donnerstag(목요일), Freitag(금요일),
  Samstag(토요일)
- An: ~에, ~가에

다툼
Datum

날짜

Ⓐ _{반 페르스트 두 인 우어라우프}
Wann fährst du in Urlaub?

Ⓑ _{이히 바이스 노크 니히트}
Ich weiß noch nicht.

_{운트 두}
Und du?

Ⓐ _{암 딘스탁}
Am Dienstag.

Ⓑ _{암 딘스탁 뎀 쯔바이텐 옥토버}
Am Dienstag dem Zweiten Oktober?

Ⓐ _{나인 암 노인텐 옥토버}
Nein, am neunten Oktober.

취미 생활에 대해

▶당신은 수영을 할 줄 압니까?

쾨ㄴ넨 지이 슈빔멘
Können Sie schwimmen?

▶네. 할 수 있습니다.

야 이히 칸
Ja, ich kann.

▶당신은 다이빙을 할 수 있습니까?

쾨ㄴ넨 지이 슈프링엔
Können Sie springen?

32. 우리 만나자.

Ⓐ 너 언제 올거니?

Ⓑ 다음 주 금요일에.

Ⓐ 우리 다음주 토요일에 만나자.

Ⓑ 몇 시에?

Ⓐ 10시 30분에

Ⓑ 차라리 오후에 만나자.

Ⓐ 2시?

Ⓑ 좋아.

Treffen Wir uns.
트레펜 비어 운스

만남

A: **Wann kommst du?**
반 콤스트 두

B: **Freitag nächste Woche.**
프라이탁 넥스테 보케

A: **Treffen wir uns am Samstag nächste Woche!**
트레펜 비어 운스 암 잠스탁 넥스테 보케

B: **Um wieviel Uhr?**
움 비필 우어

A: **10 Uhr 30.**
첸 우어 드라이씨히

B: **Lieber am Nachmittag!**
리버 암 나크미탁

A: **14 Uhr?**
피어첸 우어

B: **O.K.**
오 케이

33. 우리들의 집

Ⓐ 이것이 너희들의 새집이다.

Ⓑ 그것을 우리에게 한 번 보여주시죠.

Ⓐ 암 기꺼이.

Ⓑ 같이 가자.

여기가 우리의 거실이다.

너희들의 마음에 드니?

Ⓐ 매우 맘에 들어요.

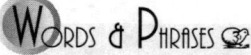

- Wohnung : f. 집, 거실
- also : 또한, 역시
- neu : 새로운
- Wohnzimmer : n. 거실
- gefallen : 마음에 들다. 3격지배동사

Unsere Wohnung
온저레 보눙

새 집

ⒶDas ist also eure neue Wohnung.
다스 이스트 알조 오이레 노이에 보눙

ⒷZeigt ihr sie uns mal?
자이트 이어 지이 운스 말

ⒶJa, gerne.
야 게르네

ⒷKomm mit!
콤 미트

Hier ist unser Wohnzimmer.
히어 이스트 운저 본짐머

Wie gefällt es euch?
비 게펠트 에스 오이히

ⒶDas ist sehr gemütlich.
다스 이스트 제어 게뮈트리히

Words & Phrases ③

- sehr : 매우
- gemütlich : 마음에 드는

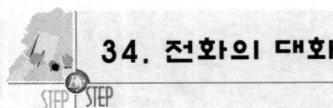

34. 전화의 대화

Ⓐ 여기는 멀러 부인입니다.

Ⓑ 안녕하세요. 여기는 카이저입니다.

멀러 씨는 거기에 있습니까?

Ⓐ 아뇨. 나의 남편은 아직 집에 없어요.

그는 사무실에 있어요.

Ⓑ 나는 새 차를 타고 내일 오후에

보덴호수로 갑니다.

당신의 가족과 함께 같이 가실까요?

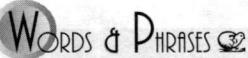

- Gespräch : n. 담화, 대화.
- Büro : n. 사무실
- Wagen : m. 자동차

Ein Telefongespräch
아인 텔레폰 게슈프레크

전화의 대화

Ⓐ Hier ist Frau Müller.
히어 이스트 프라우 뮐러

Ⓑ Guten Tag! Hier ist Kaiser.
구텐 탁 히어 이스트 카이저

Ist Herr Müller da?
이스트 헤어 뮐러 다

Ⓐ Nein, mein Mann ist noch nicht zu Haus.
나인 마인 만 이스트 노흐 니히트 추 하우스

Er ist in seinem Büro.
에어 이스트 인 자이넴 뷔로

Ⓑ Mit meinem neuen Wagen fahre ich
미트 마이넴 노이엔 바겐 파레 이히

morgen nachmittag Zum Bodensee.
모르겐 나크미탁 춤 보던지

Kommen Sie mit Ihrer Familie?
콤멘 지이 미트 이러 파밀리에

WORDS & PHRASES

- See : m. 호수. die See(바다)
- mit kommen : 함께 가다
- Familie : f. 가족

35. 어떻게 공항으로 갑니까?

Ⓐ 죄송합니다만,

어떻게 공항으로 가나요?

Ⓑ 택시를 타십시오.

Ⓐ 그것은 비싸지 않을까요?

Ⓑ 당신말이 옳군요.

그러면 버스를 타고 가십시오.

WORDS & PHRASES

- Verzeihung : f. 미안함
- nehmen : 타다, 잡다
- teuer : 비싼(≠ billig 값싼)
- recht : 오른쪽, 옳은

Wie Komme ich zum Flughafen?
비이 콤메 이히 춤 플룩하펜

공항으로

ⓐ **Verzeihung,**
페어차이웅

wie komme ich zum Flughafen?
비이 콤메 이히 춤 플룩하펜

ⓑ **Nehmen Sie ein Taxi.**
네멘 지이 아인 탁시

ⓐ **Ist das nicht teuer?**
이스트 다스 니히트 토이어

ⓑ **Da haben Sie recht.**
다 하벤 지이 레히트

Dann fahren Sie mit dem Bus.
단 파렌 지이 미트 뎀 부스

문구점에서

▶ 제가 당신께 무얼 도와드릴까요?
Womit kann ich Ihnen dienen?
보미트 칸 이히 이넨 디넨

▶ 편지지와 봉투를 원합니다.
Ich möchte Briefpapier und Umschläge.
이히 뫼히테 브리프파피어 운트 움슐레게

▶ 만년필이 있습니까?
Haben Sie Füller?
하벤 지이 필러

36. 차림표 좀 가져오세요.

Ⓐ 웨이터 차림표 좀 가져오세요.

Ⓑ 잠깐만요! 여기 있습니다.

뭘 드시겠습니까?

Ⓐ 난 송아지 구이를 먹겠어요.

Ⓑ 밥하고 드릴까요, 감자하고 드릴까요?

Ⓐ 감자하고 주세요.

그리고 맥주 한 잔을 가져오세요.

Ⓑ 맛있게 드십시오!

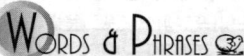

- Speise : f. 음식, 요리
- Ober : m. 급사, 웨이터
- wünschen : 원하다
- Karte : f. 카드, 표
- Moment : m, 순간

Die Speisekarte, bitte!
디 슈파이제카르테 비테

음식점에서

(A) Herr Ober, die Speisekarte bitte!
헤어 오버 디 슈파이제카르테 비테

(B) Einen Moment! Hier bitte!
아이넨 모멘트 히어 비테

Sie wünschen?
지이 뷘쉔

(A) Ich nehme einen Kalbsbraten.
이히 네메 아이넨 칼프스브라텐

(B) Mit Reis oder mit Kartoffeln.
미트 라이스 오더 미트 카르토펠른

(A) Mit Kartoffeln.
미트 카르토펠른

Und bringen Sie bitte ein Glas Bier
운트 브렁엔 지이 비테 아인 글라스 비어

(B) Guten Apptit!
구텐 아페티트

WORDS & PHRASES 32

- Kalbsbraten : m. 송아지 구이
- Reis : m. 녀, 쌀
- bringen : 가져오다
- Kartoffeln : f. 감자
- Glas : n. 잔

37. 커피를 마시겠습니까?

Ⓐ 커피를 마시겠습니까?

Ⓑ 좋습니다. 웨이터, 커피 두 잔을

가져오세요.

Ⓐ 담배를 피우시겠습니까?

Ⓑ 아뇨. 저는 궐련보다는 파이프

담배를 피우겠습니다.

WORDS & PHRASES

- trinken : 마시다
- Ober : m. 급사, 웨이터
- Zigarette : f. 담배
- rauchen : (담배를)피우다
- Pfeife : f. 피리, 휘파람, 담뱃대

카페
에서

트링켄 지어 아이넨 카페
Trinken Sie einen Kaffee?

트링켄 지이 아이넨 카페
Ⓐ Trinken Sie einen Kaffee?

게른 헤어 오버 브링엔
Ⓑ Gern, Herr Ober, bringen

지이 비테 쯔비이 타센 카페
Sie bitte zwei Tassen Kaffee.

뫼히텐 지이 아이네 치가레테
Ⓐ Möchten Sie eine Zigarette?

나인 당케 이히 라우케
Ⓑ Nein, Danke. Ich rauche

카이네 찌가레테 이히 라우케 누어 파이페
keine Zigarette, ich rauche ner Pfeife.

은행에서

▶ 안녕하세요?
구텐 모르건
Guten Morgen!

▶ 뭘 원하십니까?
바스 빈쉔 지이
Was wunschen Sie?

▶ 전 외국돈을 바꾸고 싶습니다.
이히 뫼히테 마인 아우스랜디쉐스 겔트 베크젤른
Ich möchte mein auslandisches Geld wechseln.

38. 지불하고자 합니다

Ⓐ 웨이터, 계산 좀 부탁합니다!

Ⓑ 나누어서 계산합니까 아니면 함께 계산합니까?

Ⓐ 함께 계산해 주시오.

Ⓑ 8마르크 80페니히입니다.

Ⓐ 여기 8마르크 80페니히가 있습니다.

Ⓑ 네. 맞습니다. 감사합니다.

Words & Phrases

- Zahlung : f. 지불, 지급, 계산
- Rechnung : f. 계산
- getrennt : 따로 떨어진
- zusammen : 모두 합쳐서, 함께
- machen : ~하다
- stimmen : 맞다, 일치하다

디이 찰룽 비테
Die Zahlung, bitte! — 계산

헤어 오버 디이 레히눙 비테
Ⓐ **Herr Ober, die Rechnung, bitte!**

찰렌 지 게트렌트 오더 쭈잠멘
Ⓑ **Zahlen Sie getrennt oder zusammen?**

쭈잠멘 비테
Ⓐ **Zusammen bitte.**

다스 마크트 아크트 마르크 아크트 지히
Ⓑ **Das macht DM 8. 80.**

히어 진트 아크트 마르크 아크트 지히
Ⓐ **Hier sind DM 8. 80.**

에스 슈팀트 조 당케
Ⓑ **Es stimmt So! Danke.**

일상적인 대화

▶ 실례합니다.
엔트슐디겐 지 비테
Entschldigen Sie bitte.

▶ 무엇을 도와드릴까요?
바스 칸 이히 퓌어 지 툰
Was kann ich für Sie tun?

▶ 오늘 날씨가 어떻습니까?
비 이스트 다스 베터 호이테
Wie ist das Wetter heute?

39. 슈퍼마켓에서

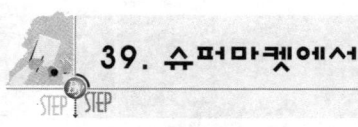

Ⓐ 실례지만 아가씨, 빵이 어디에 있습니까?

Ⓑ 저쪽에 있습니다.

Ⓐ 빵은 신선합니까?

Ⓑ 네. 아주 신선합니다.

Ⓐ 그리고 소시지는 어디에 있습니까?

Ⓑ 소시지는 저 뒤에 있습니다.

WORDS & PHRASES

- Supermarkt : m. 슈퍼마켓
- Fräulein : n. ~양, 아가씨(주로 미혼 여성에게 붙인다)
- Brot : n. 빵
- drüben : 저쪽에서
- frisch : 신선한
- ganz : 아주, 전체
- Wurst : f. 소시지
- hinter : 뒤에 (≠ vor 앞에)

임 슈퍼마크트
Im Supermarkt

슈퍼마켓

Ⓐ 비테 프로일라인 보 이스트 다스 브로트
Bitte, Fräulein, wo ist das Brot?

Ⓑ 다 드뤼벤
Da drüben.

Ⓐ 이스트 다스 브로트 프리쉬
Ist das Brot frisch?

Ⓑ 야 에스 이스트 간쯔 프라쉬
Ja, es ist ganz frisch.

Ⓐ 운트 보 이스트 디 부르스트
Und wo it die Wurst?

Ⓑ 디이 부르스트 이스트 도르트 힌터
Die Wurst ist ist hinter.

일상적인 대화

▶ 오늘 날씨가 좋습니다.
다스 베터 호이테 이스트 쇤
Das Wetter heute ist schön.

▶ 지금 몇 시죠?
비 슈패트 이스트 에스 예츠트
Wie spät ist es jetzt?

▶ 화장실은 어디에 있습니까?
보 이스트 디 토아렛테
Wo ist die Toilette?

40. 어디로 가십니까?

Ⓐ 어디로 가십니까?

Ⓑ 부산으로 갑니다.

Ⓐ 당신은 기차를 타고 가십니까?

Ⓑ 네.

Ⓐ 언제 가십니까?

Ⓑ 16시에 갑니다.

Words & Phrases

- Wohin : 어디로(where - 영어)
- fahren mit dem Zug : 기차를 타고 가다
- wann : 언제

보힌 파렌 지이
Wohin fahren Sie?

여행

Ⓐ 보힌 다렌 지이
Wohin fahren Sie?

Ⓑ 나크 부산
Nach Busan.

Ⓐ 파렌 지이 미트 뎀 추크
Fahren Sie mit dem Zug?

Ⓑ 야
Ja.

Ⓐ 반 파렌 지이
Wann fahren Sie?

Ⓑ 움 제히첸 우어
Um 16 Uhr.

은행에서

▶ **뭘 원하십니까?**
바스 빈쉔 지이
Was wünschen Sie?

▶ **전 저의 외국돈을 바꾸고 싶습니다.**
이히 뫼히테 마인 아우스랜디쉐스 겔트 베크젤른
Ich möchte mein ausländisches Geld wechseln.

▶ **잠간만 기다려주십시오.**
바르텐 지이 아이넨 아우겐블릭크
Warten Sie einen Augenblick!

41. 학생 매점에서

Ⓐ 안녕하세요.

당신은 뭘 원하시나요?

Ⓑ 사과쥬스 한 병에 얼마죠?

Ⓐ 90페니히입니다.

Ⓑ 사과쥬스 두 병을 주세요.

Ⓐ 1마르크 80페니히입니다.

Ⓑ 안녕히 계세요.

WORDS & PHRASES

- Mensa : f. 학생 간이식당
- Flasehe : f. 병
- Apfelsaft : f. 사과쥬스
- nehmen : 가지다, 취하다

안 데어 멘자
An der mensa

매점에서

구텐 아벤트
Ⓐ **Guten Abend!**

바스 뷘쉔 지이
Was wunschen Sie?

바스 코스테트 아이네 플라쉐 앞펠자프트
Ⓑ **Was kostet eine Flasche Apfelsaft?**

노인찌히 페니히
Ⓐ **DM 0. 90.**

츠바이 플르-쉔 앞펠자프트 네메 이히
Ⓑ **Zwei Flaschen Apfelsaft nehme ich.**

아인스 마르크 아홀찌히 비테
Ⓐ **DM 1. 80 Bitte.**

아우프 비더젠
Ⓑ **Auf wiedersehen.**

여관에서

▶그 방은 얼마입니까?
바스 코스테트 아인 침머
Was kostet ein Zimmer?

▶매일 15마르크입니다.
에스 코스테트 테그리히 딘프첸마르크
Es kostet täglich DM 15.

105

42. 택시 승차장은 어디에 있습니까?

Ⓐ 택시 승차장은 어디에 있습니까?

Ⓑ 저쪽에요.

Ⓐ 택시! 공항으로 갑시다.

Ⓑ 어서 타십시오!

Ⓐ 공항까지 얼마입니까?

Ⓑ 트렁크는 별도로 받습니다.

Ⓐ 네 가장 빠른 길로 가주세요.

저는 급합니다.

WORDS & PHRASES

- Taxistand: m. 택시 정류장
- bis zum : ~에 까지
- steigen ~ein : einsteigen 올라타다

Wo ist der Taxistand?

택시 승차장

ⓐ Wo ist der Taxistand?

ⓑ Da drüben.

ⓐ Taxi! Bis zum Flughafen!

ⓑ Bitte, steigen Sie ein!

ⓐ Was kostet es bis zum Flughafen?

ⓑ Der Koffer kostet extra.

ⓐ Bitte, fahren Sie den kürzesten Weg! Ich habe es eilig.

WORDS & PHRASES

- extra : 외부에, 그밖에, 임시로
- kürzest : kurz(짧은)의 최상급
- Weg : m. 길
- eilig : 서두르는, 급한

107

43. 호텔에서

Ⓐ 나의 이름은 나우만입니다.

Ⓑ 당신이 사용할 방이 하나 있습니다.

15호실입니다.

Ⓐ 감사합니다.

Ⓑ 당신은 여기에서 얼마간 머무르실 겁니까?

Ⓐ 3일간요.

Ⓑ 당신은 저에게 신분증 좀 보여 주십시오!

Ⓐ 여기에 내 신분증이 있습니다.

WORDS & PHRASES

- reservieren : 남겨놓다, 보존하다, 예약하다
- Nummer : f. 번호, 숫자
- zeigen : 보이다

Im Hotel
임 호텔

호텔에서

Ⓐ **Mein Name ist Naumann.**
마인 나머 이스트 나우만

Ⓑ **Für Sie ist ein Zimmer reserviert.**
피어 지이 이스트 아인 침머 레저비어트

Nummer 15.
눔머 핀프첸

Ⓐ **Danke.**
당케

Ⓑ **Wieviel Tage bleiben Sie hier?**
비필 타게 블라이벤 지이 히어

Ⓐ **Drei Tage.**
드라이 타게

Ⓑ **Zeigen Sie mir bitte Ihren Ausweis!**
자이겐 지이 미어 비테 이렌 아우스바이스

Ⓐ **Hier ist mein Ausweis.**
히어 이스트 마인 아우스바이스

WORDS & PHRASES

- Ausweis : n. 신분증명서

44. 편지 한 통에 얼마입니까?

Ⓐ 나는 한국으로 부칠 편지 두 통이 있습니다.

편지 한 통에 얼마인가요?

Ⓑ 이것은 1마르크 68페니히고

이것은 1마르크 80페니히입니다.

Ⓐ 난 아직 우표 몇 장이 더 필요한데요.

60페니히 짜리 1장과 20페니히 짜리 5장.

Ⓑ 유감스럽게도 난 60페니히 짜리를

갖고 있지 않습니다.

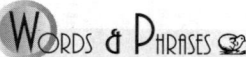

- Postamt : n. 우체국
- Brief : m. 편지
- brauchen : 필요하다

우체국에서

비필　　　코스테트　아인　브리프
Wieviel kostet ein Brief?

이히 하베　츠바이 브리프　나크　코레아
Ⓐ Ich habe zwei Briefe nach Korea.

비필　　　코스테트 아인 브리프
　Wieviel kostet ein Brief?

데어 코스테트 아이네 마르크 아크트 운트 제히찌히 운트
Ⓑ Der kostet DM 1. 68 und

데어 아이네 마르크 아크트찌히
　der DM 1. 80.

이히 브라우케　노크　브리프마켄
Ⓐ Ich brauche noch Briefmarken.

아이네 추 제히찌히 운트 퓐프 추 쯔반찌히
eine zu 60 und funf zu 20

라이더　하베　이히 카이네 메어　추 제히찌히
Ⓑ Leider habe ich keine mehr zu 60.

Words & Phrases ㉜

- Briefmarke : f. 우표
- wollen : willen(원하다)의 과거형

111

45. 치통(이가 아픔)

Ⓐ 어떻게 지내십니까?

Ⓑ 난 이가 아픕니다.

Ⓐ 치통이요?

그러면 치과에 가셔야죠!

Ⓑ 네. 난 늘 시립병원에 있는

슐츠박사에게 갑니다.

Ⓐ 오늘 그가 진찰을 하나요?

Ⓑ 네 오늘 그는 9시부터 11시까지 진찰을 합니다.

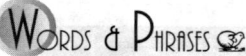

- Zahn : m . 이, 치아
- Zahn - arzt : m. 치과의사. Arzt : 의사
- gehen : (걸어서)가다

잔 슈메르쯔
Zahn schmerz

치과에서

비이 게트 에스 이넨
Ⓐ Wie geht es Ihnen?

이히 하베 잔슈메르쯔
Ⓑ Ich habe Zahnschmerz.

잔슈메르쯔
Ⓐ Zahnschmerz?

겐 지이 춤 잔아르츠트
Gehen Sie zum Zahnarzt!

야 이히 게에 임머 인 디
Ⓑ Ja. Ich gehe immer in die

폴리클리니크 추 독토 슐츠
poliklinik zu Dr. Schulz.

하트 에어 호이테 슈프레크슈툰데
Ⓐ Hat er heute Sprechstunde?

야 호이테 하트 에어 폰 노인비스 엘프 슈프레크스툰데
Ⓑ Ha, heute hat er von 9 bis 11 Sprechstunde.

WORDS & PHRASES

- Poliklinik : f. 외래환자, 시립병원
- Dr. : = Doktor (박사, 감독관)
- Sprechstunde : f. 진찰

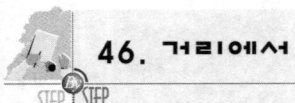

46. 거리에서

Ⓐ 안녕하세요 슈미트씨!

Ⓑ 안녕하세요. 김씨!

당신 집이 어디에 있습니까?

Ⓐ 미안합니다. 내가

아직 그것을 말하지 않았군요.

노르트플라츠 3 가입니다.

당신은 언제 오시겠습니까?

Ⓑ 다음 일요일에 가겠습니다.

WORDS & PHRASES

- auf : ~위에
- Straße : f. 거리
- welch : 어떤
- liegen : 놓여있다, 위치하다

auf der Straße
아우프 데어 슈트라쎄

거리에서

Ⓐ **Guten Tag, Herr Schmidt!**
구텐 탁 헤어 슈미트

Ⓑ **Guten Tag, Herr Kim!**
구텐 탁 헤어 김

In welcher Straße liegt Ihre Wohnung?
인 벨케어 슈트라쎄 릭트 이레 보눙

Ⓐ **Entschuldigen Sie,**
엔트슐디겐 지이

das habe ich noch nicht gesagt!
다스 하베 이히 노크 니히트 게작트

Nordplatz 3.
노르트플라츠 드라이

Wann wollen Sie kommen?
반 볼렌 지이 콤멘

Ⓑ **Am nächsten Sonntag.**
암 넥스텐 존탁

WORDS & PHRASES

- entschuldigen : 미안하다
- sagen : 말하다
- warten auf : ~을 기다리다

47. 선물

Ⓐ 여기 당신들을 위한 나의 선물이예요.

아이들 목욕통이예요.

당신 집에 목욕통이 없었으면

좋았겠는데요!

Ⓑ 하나 있지만 상관없어요.

우리들은 애가 둘이거든요.

감사합니다. 엘자 아주머니.

WORDS & PHRASES 32

- Geschenk : n. 선물
- für : ~을 위한
- Kinder : Kind(아이)의 복수형
- Badewanne : f. 목욕통

Das Geschenk

선물

Ⓐ Hier ist mein Geschenk für euch,

eine Kinder badewanne!

Hoffentlich habt ihr doch

keine Badewanne!

Ⓑ Wir haben schon eine,

aber das macht nichts.

Wir haben doch zwei Kinder!

Vielen Dank, Tante Elsa!

WORDS & PHRASES

- Hoffentlich : 바라건대, 희망하건대
- doch : 정말로
- Tante : f. 아주머니
- das macht nichts : 상관 없다

48. 나의 가족

Ⓐ 여기 나의 사진첩이 있습니다.

Ⓑ 이것이 당신의 가족인가요?

Ⓐ 네. 이 사람이 나의 부인입니다.

Ⓑ 아름답군요. 직업이 무엇입니까?

Ⓐ 여교사입니다.

Ⓑ 당신은 아들과 딸 한 명씩 있나요?

Ⓐ 네 우리는 두 남매를 키우고 있습니다.

Words & Phrases

- Familie : f. 가족
- Fotoalbum : n. 사진첩
- hübsch : 아름다운
- Frau : f. 부인, 여사
- Beruf : m. 직업

마이네 파밀리에
Meine Familie

나의 가족

Ⓐ 히어 이스트 마인 포토알붐
Hier ist mein Fotoalbum.

Ⓑ 이스트 다스 이레 파밀리에
Ist das Ihre Familie?

Ⓐ 야 다스 이스트 마이네 프라우
Ja, das ist meine Frau.

Ⓑ 지이 이스트 휩쉬   바스 이스트 지이 폰 베루프
Sie ist hübsch. Was ist sie Von Beruf?

Ⓐ 지이 이스트 레러린
Sie ist Lehrerin.

Ⓑ 하벤 지 아이넨 존 운트 아이네 토크터
Haben Sie einen Sohn und eine Tochter?

Ⓐ 야 비어 하벤 츠바이 게슈비스터
Ja, wir haben zwei Geschwister.

WORDS & PHRASES

- Lehrerin : f. 여교사(≠ Lehrer 남교사)
- Tochter : f. 딸
- Geschwister : f. 남매

49. 당신의 전화번호는 어떻게 됩니까?

Ⓐ 당신은 전화가 있습니까?

Ⓑ 네 물론 있습니다.

나의 전화번호는 245 - 3477 입니다.

Ⓐ 2 - 4 - 5 - 3 - 4 - 7 - 7?

Ⓑ 네. 그러면 당신의 번호는 어떻게 됩니까?

Ⓐ 714 - 2031

WORDS & PHRASES

- natürlich : 물론, 당연한
- wie bitte? : 어떻게요? (다시 물을 때)
- richtig : 올바른, 옳은

Wie ist Ihre Telefon nummer?
비이 이스트 이리 텔레폰 눔머

전화번호

(A) **Haben Sie Telefon?**
하벤 지이 텔레폰

(B) **Ja, natürlich!**
야 나튀어리히

Meine Nummer ist 245 - 3477
마이네 눔머 이스트 츠바이 피어 퓐프 드라이 피어 지번 지번

(A) **2 - 4 - 5 - 3 - 4 -7 - 7?**
츠바이 피어 퓐프 드라이 피어 지번 지번

(B) **Ja, und wie ist Ihre Nummer bitte?**
야 운트 비이 이스트 이레 눔머 비테

(A) **714 - 2031**
지번 아인스 피어 - 츠바이 눌 드라이 아인스

시내에서 관공서 찾을 때

▶이 길이 시청에 가는 길입니까?
 콤메 이히 히어 쭘 라트하우스
 Komme ich hier zum Rathaus?

▶이 길로 가면 돌아가게 됩니다.
 다스 히어 이스트 아인 움벡
 Das hier ist ein Umweg.

▶어느 길이 지름길입니까?
 비 콤메 이히 디렉트 다힌
 Wie komme ich direkt dahin?

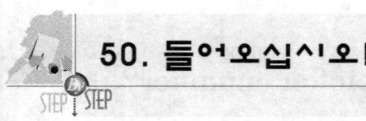

50. 들어오십시오!

Ⓐ 어떻게 지내십니까?

Ⓑ 덕분에 잘 지냅니다. 당신은요?

Ⓐ 네 잘 지냅니다.

좀 들어오십시오.

Ⓑ 여기 당신을 위해 꽃이 있습니다.

Ⓐ 오! 감사합니다.

이것은 매우 아름답군요.

좀 앉으세요.

Ⓑ 감사합니다.

Kommen Sie bitte herein!
콤멘 지이 비테 헤라인

방문

Ⓐ **Wie geht es Ihnen?**
비이 게트 에스 이넨

Ⓑ **Danke gut. Und Ihnen?**
당케 굿 운트 이넨

Ⓐ **Danke, es geht.**
당케 에스 게트

Kommen Sie bitte herein!
콤멘 지이 비테 헤라인

Ⓑ **Hier sind Blumen für Sie!**
히어 진트 블루멘 피어 지이

Ⓐ **Oh, vielen Dank!**
오 필렌 당크

Das sind sehr schön.
다스 진트 제어 쵠

Bitte nehmen Sie platz!
비테 네먼 지이 플라츠

Ⓑ **Danke schön!**
당케 쵠

123

51. 정류장으로 가는 길

Ⓐ 정거장으로 가는 길을 알려줘!

Ⓑ 그래. 버스를 타고 가라.

Ⓐ 정거장이 어디에 있는데?

Ⓑ 너 저기 큰 건물이 보이지,

그렇지 않니?

저기 모퉁이를 돌아서 가

그러면 거기에서 바로 정류장이 있을거야.

Ⓐ 고마워. 잘가!

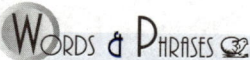

- Bahnhof : m. 역, 정거장
- Haltestelle : f. 정류장
- fahr : fahren의 명령형
- sehen : 보다. 2인칭 동사 변화일 때 siehst

Der Weg zum Bahnhof

정류장

Ⓐ Zeige mir den Weg zum Bahnhof!

Ⓑ Ja, fahr mit dem bus.

Ⓐ Wo ist die Haltestelle?

Ⓑ Du siehst dort ein großes.

Gebäude, nicht wahr?

Geh dort um die Ecke!

Dort ist gleich die Haltestelle.

Ⓑ Danke Auf Wiedersehen!

Words & Phrases

- Gebäude : n. 건물
- Ecke : f. 모퉁이
- gleich : 곧=바로, 바로, 즉시
- wahr : 진실의, 진짜의

52. 빈 방이 있습니까?

Ⓐ 안녕하세요. 내 이름은 김입니다.

Ⓑ 안녕하세요. 김씨. 당신은

25호실입니다.

욕실이 있는 독방이죠.

여기 열쇠가 있습니다.

짐이 있으신가요?

Ⓐ 네, 단지 트렁크 하나뿐입니다.

Ⓑ 네, 우리들이 그것을 위로 갖다 드리지요.

WORDS & PHRASES

- Zimmer : n. 방
- Einzel ; 각각의
- Einzelzimmer : n. 독방

하벤 지이 아인 침머 프라이
Haven Sie ein Zimmer frei?

숙박

Ⓐ 구텐 탁 마인 나메 이스트 김
Guten Tag! Mein Name ist Kim.

Ⓑ 구텐 탁 헤어 김
Guten Tag! Herr Kim.

지이 하벤 침머 퓐프운트쯔반찌히 아인
Sie haben Zimmer 25, ein

아인젤침머 미트 바트
Einzelzimmer mit Bad.

히어 이스트 데어 슐리쎌
Hier ist der Schlüssel.

하벤 지이 게펙크
Haben Sie Gepäck?

Ⓐ 야 누어 아이넨 코퍼
Ja, nur einen Koffer.

Ⓑ 굿 비어 브링엔 인 나크 오벤
Gut, wir bringen ihn nach oben.

WORDS & PHRASES

- Bad : n. 목욕
- Schlüssel ; m. 열쇠
- Gepäck : n. 수하물. 짐
- oben : 위

53. 영화관에 함께 갈까요?

Ⓐ 우리 영화관에 함께 갈까요?

Ⓑ 네 좋아요. 좋은 생각이에요.

Ⓐ 당신은 토요일에 시간이 있습니까?

Ⓑ 아뇨, 토요일에는 유감스럽게도

전혀 시간이 없어요.

그때 저는 일해야 합니다.

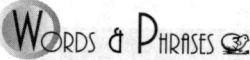

- Kino : n. 영화관
- ins = in das
- Idee : f. 생각, 사상
- keine : nicht eine ~가 없는
- muß : müssen의 동사 변화. ~해야 한다
- dann : ~그런 후, 그리고 나서

Wollen wir zusammen ins Kino gehen?

볼렌 비어 주잠멘 인스 키노 겐

영화관

Ⓐ **Wollen wir zusammen ins Kino gehen?**
볼렌 비어 추잠멘 인스 키노 겐

Ⓑ **Ja gern, Gute Idee!**
야 게른 구테 이데

Ⓐ **Haben Sie am Samstag Zeit?**
하벤 지기 암 잠스탁 차이트

Ⓑ **Nein, am Samstag habe ich**
나인 암 잠스탁 하베 이히

leider keine Zeit.
라이더 카이네 차이트

Da muß ich arbeiten.
다 무쓰 이히 아르바이텐

시내에서 관공서 찾아갈 때

▶ **실례지만 시청은 어느 길입니까?**
엔트슐리겐 지 비터 비 콤메 이히 쭘 라트하우스
Entschuldigen Sie bitte, wie komme ich zum Rathaus?

▶ **여기서 멉니까?**
이스트 에스 바이트 폰 히어
Ist es weit von hier?

▶ **감사합니다.**
당케 제어
Danke sehr.

54. 그것들은 누구의 것인가?

Ⓐ 엄마, 거기 있는 축구화는

누구의 것이예요?

Ⓑ 그래 그것은 네 것이란다.

에리카 아주머니가 그것을 너에게 보내셨다.

Ⓐ 오, 그 분은 아주 친절하시군요.

고마워요.

이 신발은 내 마음에 꼭들어요.

WORDS & PHRASES

- gehören : ~에게 속하다. 3격지배동사
- Fußball : m. 축구
- Schuhe : f. 구두, 신
- schicken : ~에게 보내다

Wem gehören sie?

벰 게회렌 지이

Ⓐ Mutti, wem gehören die
무티 벰 게회렌 디이

Fußballschuhe da?
푸쓰발슈에 다

Gehören sie mir?
게회렌 지이 미어

Ⓑ Ja, sie gehören dir.
야 지이 게회렌 디어

Tante Erika schickt sie dir.
탄테 에리카 쉬크트 지이 디어

Ⓐ Oh, das ist aber nett von ihr.
오 다스 기스트 아버 네트 폰 이어

Vielen Dank.
필렌 당크

Die Schuhe gefallen mir gut.
디 슈에 게팔렌 미어 굿

WORDS & PHRASES

- dir : 너에게(du의 3격)
- nett : 말쑥한, 친절한
- gefallen : 마음에 들다, 3격지배동사

55. 차 안에서

Ⓐ 차장 아저씨, 제가 당신에게 물어봐도 될까요?

Ⓑ 네, 말씀하세요.

Ⓐ 우리는 언제 목적지에 도달하나요?

Ⓑ 약 한 시간 후에 도달합니다.

Ⓐ 그러면 제가 여기서 담배를 피워도 될까요?

Ⓑ 아뇨, 안됩니다.

WORDS & PHRASES

- Abteil : n. 차실
- Schaffner : m. 차장
- darf : ~해도 된다(dürfen의 동사변화 형)
- erreichen : 도달하다
- etwa : 대략, 약
- rauchen : (담배를) 피우다
- schaden : 해치다, 해롭다
- Gesundheit : f. 건강

Im Abteil
임 압타일

차에서

ⓐ Herr Schaffner, darf ich Sie fragen?
헤어 샤프너 다르프 이히 지이 프라겐

ⓑ Ja, bitte.
야 비테

ⓐ Wann erreichen wir das Ziel.
반 에라이헨 비어 다스 질

ⓑ Etwa nach 1 Stunde.
에트바 나크 아이네 슈툰데

ⓐ Und darf ich hier rauchen?
운트 다르프 이히 히어 라우켄

ⓑ Nein, leider nicht.
나인 라이더 니히트

휴양지에서

▶여기가 수상스키 타는 곳입니까?
Kann man hier Wasserskilaufen?
칸 만 히어 바써쉬라우펜

▶요금은 얼마입니까?
Was kostet das?
바스 코스테트 다스

▶우리 차례는 언제옵니까?
Wann können wir endlich dran?
반 쾨ㄴ넨 비어 엔틀리히 드란

56. 방해 좀 해도 될까요?

Ⓐ 실례합니다. 제가 방해를 좀 해도 될까요?

저에게 대구로 가는 기차 몇 개를

좀 알려주실 수 있습니까?

Ⓑ 잠깐만요.

기차 시간표에서 찾아보겠습니다.

당신은 내일 떠나려고 하십니까?

Ⓐ 아뇨. 전 오늘 떠나야만 합니다.

WORDS & PHRASES

- Stören : 방해하다
- mir (나에게)
- können : ~할 수 있다
- paar : 두 서넛의, 약간의
- Züge : Zug(m. 기차)의 복수형

실례

Darf ich Sie Stören?
다르프 이히 지이 슈퇴렌

Ⓐ **Verzeihung! Darf ich Sie stören?**
페어차이훙 다르프 이히 지기 슈퇴렌

Können Sie mir ein paar
쾨ㄴ넨 지이 미어 아인 파르

Züge nach Dae-gu nennen?
취게 나크 대구 넨넨

Ⓑ **Einen Augenblick!**
아이넨 아우겐블릭크

Ich sehe im Fahrplan nach.
이히 제에 임 파르플란 나크

Wollen Sie morgen fahren?
볼렌 지이 모르겐 파렌

Ⓐ **Nein, ich muß schon heute fahren.**
나인 이히 무쓰 숀 호이테 파렌

WORDS & PHRASES

- nennen : 이름을 말하다
- Augenblick n. 순간
- Fahrplan : n. 기차시간표, 운행계획표
- Verbindung : f. 결합, 연락

57. 그 기차는 어디에서 옵니까?

Ⓐ 그 기차는 어디에서 옵니까?

Ⓑ 그것은 부산에서부터 옵니다.

Ⓐ 나는 대구에서 갈아타야만 합니까?

Ⓑ 아뇨. 그 기차는 서울로 직접 갑니다.

Ⓐ 고맙습니다.

트렁크를 가지고 탈수 있나요?

Ⓑ 네, 물론이죠.

WORDS & PHRASES

- Woher : 어디에서
- von : ~에서부터
- umsteigen : 갈아타다
- direkt : 직접, 똑바로
- Danke sehr : 감사합니다

보헤어 콤트 데어 추크
Woher kommt der Zug?

기차 타기

Ⓐ 보헤어 콤트 데어 추크
Woher kommt der Zug?

Ⓑ 에어 콤트 폰 부산
Er kommt von Busan.

Ⓐ 무쓰 이히 인 대구 움슈타이겐
Muß ich in Dae-gu umsteigen?

Ⓑ 나인 데어 추크 페르트 디렉트 나크 서울
Nein, der Zug fährt direkt nach Seoul.

Ⓐ 당케 제어 칸 이히 미트
Danke sehr, kann ich mit

마이넨 코퍼 미트네멘
meinen Koffer mitnehmen?

Ⓑ 야 나튀어리히
Ja, natürlich.

WORDS & PHRASES

- mit : ~와 함께
- mitnehmen : 휴대하다, 지니다
- natürlich : 물론, 당연한

58. 쇼핑

Ⓐ 안녕하세요!

제가 무얼 도와 드릴 수 있을까요?

Ⓑ 전 넥타이를 하나 사고 싶은데요.

Ⓐ 이 넥타이는 당신 마음에 듭니까?

Ⓑ 네. 이 색깔은 지금 유행하는 것입니까?

Ⓐ 네. 그렇습니다.

Ⓑ 전 이 넥타이를 사겠습니다.

WORDS & PHRASES

- Einkaufen : 사다, 구입하다
- womit : 무엇으로
- dienen : 봉사하다
- Krawatte : f. 넥타이

Einkaufen
아인카우펜

쇼핑

Ⓐ **Guten Tag!**
  구텐 탁

  Womit kann ich dienen?
  보미트 칸 이히 디이넨

Ⓑ **Ich möchte eine Krawatte haben.**
  이히 뫼히터 아이네 크라바테 하벤

Ⓐ **Wie gefällt Ihnen diese Krawatte?**
  비이 게펠트 이넨 디제 크라바테

Ⓑ **Ja, ist diese Farbe in Mode?**
  야 이스트 디제 파르베 인 모데

Ⓐ **Ja.**
  야

Ⓑ **Ich nehme diese Krawatte.**
  이히 네메 디제 크라바테

Words & Phrases

- Farbe : f. 색깔
- Mode : f. 유행, 시류

59. 담배 가게에서

Ⓐ 당신은 뭘 원하십니까?

Ⓑ 담배 한 갑을 원합니다.

Ⓐ 여기 있습니다.

Ⓑ 라이터가 있습니까?

 라이터를 저에게 좀 보여주십시오!

Ⓐ 네. 그러겠습니까.

Ⓑ 전 이것을 가지겠습니다.

 얼마입니까?

Beim Tabakhändler
바임 타바크핸들러 (담배가게)

Ⓐ Sie wünschen?
지이 뷘쉔

Ⓑ Ich möchte eine Packung
이히 뫼히테 아이네 파쿵

Zigaretten haben.
치가레텐 하벤

Ⓐ Hier sind sie.
히어 진트 지이

Ⓑ Haben Sie ein Feuerzeug?
하벤 지이 아인 포이어쪼이크

Darf ich Sie bitten. mir
다르프 이히 지이 비텐 미어

Feuerzeuge Zu Zeigen!
포이어쪼이크 추 차이겐

Ⓐ Ja, gern.
야 게른

Ⓑ Ich nehme dieses.
이히 네메 디제스

Was kostet es?
바스 코스테트 에스

141

60. 미술관에서

Ⓐ 당신은 이 그림이 어떻다고 생각하십니까?

Ⓑ 소름끼치는 것이군요.

Ⓐ 뭐라구요?

저는 광란이라고 느낍니다.

Ⓑ 정말로요?

WORDS & PHRASES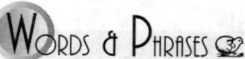

- Kunsthalle : f. 미술관
- seheußlich : 소름끼치는, 끔찍한
- toll : 미친, 날뛰는
- wirklich : 정말로

임 군스트할레
Im Kunsthalle

미술관

Ⓐ _{비이 핀덴 지이 다스 빌트}
Wie finden Sie das Bild?

Ⓑ _{쇼이쓰라히}
Scheußlich!

Ⓐ _{바스}
Was?

_{이히 핀데 에스 톨}
Ich finde es toll.

Ⓑ _{비르크리히}
Wirklich?

휴양지에서

▶두 시간 쓰겠습니다.
퓨어 쯔바이 슈툰덴 비테
Für zwei Stunden, bitte.

▶요금 받으세요.
이히 베짤레 에츠트 숀
Ich bezahle jetzt schon.

▶바람은 어때요?
비 이스트 데어 빈트
Wie ist der Wind?

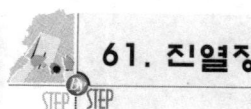

61. 진열장에서

Ⓐ 저 옷이 맘에 드니?

Ⓑ 어떤 것?

Ⓐ 저기 저것.

Ⓑ 그렇게 좋지는 않아. 약간 단조로와

Ⓐ 음. 난 그렇게 안보이는 데.

Ⓑ 저기 뒤에 있는 옷이 내마음에 더 든다.

WORDS & PHRASES

- Schaufenster : n. 쇼윈도, 진열장
- Kleid : n. 옷
- welches : 어떤 것
- langweilig : 지루한, 단조로운
- hinten : 뒤에
- besser : gut(좋은)의 비교격

Am Schaufenster
암 샤우펜스터

쇼핑

ⓐ Wie gefällt dir das Kleid?
  비이 게펠트 디어 다스 클라이트

ⓑ Welches?
  벨케스

ⓐ Das da!
  다스 다

ⓑ Nicht so gut, etwas langweilig.
  니히트 조 굿 에트바스 랑바이리히

ⓐ Hm, das finde ich nicht.
  흠 다스 핀데 이히 니히트

ⓑ Das da hinten gefällt mir besser.
  다스 다 힌텐 게펠트 미어 베써

여행중 아플 때

▶ 어디가 아프십니까?
Was fehlt Ihnen?
바스 펠트 이넨

▶ 여기 허리를 삐끗했습니다.
Es zieht im Rücken.
에스 찌트 임 뤽켄

▶ 옆구리가 많이 아픕니다.
An der Seite tut es mir weh!
안 데 짜이테 투트 에스 미어 베

62. 바에서

Ⓐ 내 외투가 없어졌어요.

Ⓑ 그것은 어떤 외투였습니까?

Ⓐ 짙은 청색 외투입니다.

Ⓑ 새것입니까?

Ⓐ 네. 아주 새것이에요.

Ⓑ 오. 안됐습니다.

WORDS & PHRASES

- Bar : f. 선술집, 바
- Mantel : m. 외투
- weg : 없어진
- was für ein ~ : ~어떤 종류의
- dunkel : 어두운
- blau : 푸른
- neu : 새로운(≠ alt : 오래된)
- es tut mir leid : 유감스럽군요, 안됐습니다

In einer Bar
인 아이너 바

빠에서

A. Mein Mantel ist weg!
마인 만텔 이스트 벡

B. Was für ein Mantel war das?
바스 피어 아인 만텔 바 다스

A. Ein dunkelblauer.
아인 둥켈블라우어

B. Neu?
노이

A. Ja, ein ganz Neuer!
야 아인 간쯔 노이어

B. Oh, das tut mir leid.
오 다스 투트 미어 라이트

여행중 아플 때

▶뱃 속에 가스가 찹니다.
이히 하베 아이넨 게블레텐 바우흐
Ich habe einen geblähten Bauch.

▶숨쉬기가 곤란합니까?
하벤 지 베슈베르덴 바임 아트멘
Haben Sie Beschwerden beim Atmen?

▶화장실에 가고 싶습니다.
이히 뫼히테 아우프 디 토이렛테
Ich möchte auf die Toilette.

63. 같이 가자!

Ⓐ 너 오늘 저녁에 뭐하니?

Ⓑ 아직 몰라. 아마 TV를 보거나

책을 읽거나 하겠지.

Ⓐ 난 극장에 가려고 한다.

아직 표 한 장이 더 있는데

같이 가자!

Ⓑ 극장에? 오늘 저녁에?

기꺼이 갈게.

WORDS & PHRASES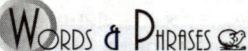

- mitkommen : 같이 가다
- doch : 강조를 하기 위해 쓰임
- vielleicht : 아마도
- fernsehen : TV를 보다

Komm doch mit

여가생활

A: Du, was machst du heute Abend?

B: Ich weiß noch nicht.
Vielleicht fernsehen oder lesen……

A: Ich gehe ins Theater.
Ich habe noch eine Karte.
Komm doch mit!

B: Ins Theater? Heute Abend?
Ich komme gern mit.

Words & Phrases

- lesen : (책을) 읽다
- Theater : n. 극장(Kinoin 영화관)
- fängt ~ au : anfangen (시작하다)

64. 계획

Ⓐ 당신은 오늘 저녁에 벌써 어떤 계획이 있습니까?

Ⓑ 아뇨. 아직 없습니다. 왜요?

Ⓐ 오늘 '파리에서의 미국인'이라는 영화가 상영됩니다.

같이 가시죠!

Ⓑ 그러죠. 그럼 둘이 같이 갑시다.

그 영화는 어디에서 상영되나요?

Ⓐ 나이자 호텔에 있는 영화관에서요.

Das Vorhaben
다스 포어하벤

영화 관람

Ⓐ Haben Sie heute abend schon
하벤 지기 호이테 아벤트 숀

etwas vor?
에트바스 포어

Ⓑ Nein, noch nicht. Warum?
나인 노크 니히트 바룸

Ⓐ Heute läuft der Film……
호이테 로이프트 데어 필름

Ein Amerikaner in Paris……
아인 아메리카너 인 파리스

Kommen Sie mit!
콤멘 지이 미트

Ⓑ Ja, dann gehen wir Zwei!
야 단 겐 비어 츠바이

Wo läuft der Film denn?
보 로이프트 데어 필름 덴

Ⓐ Im Kino am Hotel Naisa.
임 키노 암 호텔 나이자

65. 옷가게에서

Ⓐ 뭘 원하십니까?

Ⓑ 전 스웨터를 찾고 있습니다.

Ⓐ 당신은 치수가 얼마죠?

Ⓑ 36입니다.

Ⓐ 어떤 색깔을 원하십니까?

Ⓑ 빨간색요. 아마 초록색도 괜찮구요.

Ⓐ 저것이 어떻습니까?

Ⓑ 제가 한번 입어봐도 될까요.

Ⓐ 물론이죠.

In einer Boutique
인 아이너 부티크

쇼핑

Ⓐ Bitte schön?
비테 쇤

Ⓑ Ich suche einen Pullover.
이히 주케 아이넨 풀오버

Ⓐ Welche Größe haben Sie?
벨케 그뢰쎄 하벤 지이

Ⓑ Größe 36.
그뢰쎄 젝스 운드 드라이씨히

Ⓐ Welche Farbe möchten Sie?
벨케 파르베 뫼히텐 지이

Ⓑ Rot. Vielleicht auch grün.
로트 필라이히트 아우크 그륀

Ⓐ Wie finden Sie diesen da?
비이 핀덴 지이 디이젠 다

Ⓑ Darf ich den mal probieren?
다르프 이히 덴 말 프로비어렌

Ⓐ Natürlich.
나튀어리히

66. 그건 얼마입니까?

Ⓐ 네, 딱 맞군요.

그건 얼마입니까?

Ⓑ 85 마르크입니다.

Ⓐ 그것은 너무 비쌉니다.

Ⓑ 네 맞습니다. 싼 것은 아니지요.

그러나 품질은 또한 아주 좋습니다.

Ⓐ 좋습니다. 그러면 그걸 사겠어요.

Words & Phrases

- passen : 꼭 맞다, 알맞다
- teuer : 비싼
- billig : 싼

비이펠 코스테트 에어 덴
Wieviel Kostet er denn?

A 야 데어 파쓰트
Ja, der paßt.

비이펠 코스테트 에어 덴
Wieviel kostet er denn?

B 퓐프운트아크트찌히 마르크
85 Mark.

다스 이스트 아버 토이어
A **Das ist aber teuer.**

다스 슈팀트 빌리히 이스트 에어 니히트
B **Das Stimmt, billig ist er nicht.**

아버 디이 쿠발리퇴트 이스트 아우크 제어 굿
Aber die Qualität ist auch sehr gut.

굿 단 네메 이히 덴
A **Gut, dann nehme ich den.**

Words & Phrases

- stimmt : 확실한, 정확한
- Qualität . f. 품질
- auch : 또한

67. 그곳은 얼마나 멉니까?

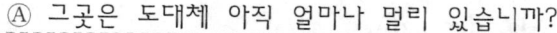

Ⓐ 그곳은 도대체 아직 얼마나 멀리 있습니까?

Ⓑ 약 40분가량 걸리는 거리입니다.

Ⓐ 걸어서요? 아니면 버스를 타고서요?

Ⓑ 걸어서입니다.

버스를 타면 15분 걸립니다.

Ⓐ 그럼 정류장이 어디 있나요?

Ⓑ 저기 모퉁이를 돌아서, 거기서 10번을 타세요.

Ⓐ 감사합니다.

WORDS & PHRASES

- weit : 먼, 넓은
- ungefähr : 대략, 약
- Fuß : m. 발 (zu Fuß : 걸어서)

비이 바이트 이스트 에스
Wie weit ist es?

거리

비이 바이트 이스트 에스 덴 노크
- Ⓐ Wiew weit ist es denn noch?

운게페어 피어치히 미누텐
- Ⓑ Ungefähr vierzig Minuten.

추 푸쓰 오더 미트 뎀 부스
- Ⓐ Zu Fuß? Oder mit dem Bus?

추 푸쓰
- Ⓑ Zu Fuß.

미트 뎀 부스 브라우켄 지이 아이너 피어텔스툰데
Mit dem Bus brauchen Sie eine Viertelstunde.

운트 보 이스트 디 할테슈텔레
- Ⓐ Und wo ist die Haltestelle?

도르트 음 디 엑케 리니에 첸
- Ⓑ Dort um die Ecke, Linie 10.

필렌 당크
- Ⓐ Vielen Dank.

WORDS & PHRASES

- oder : 또는
- brauchen : 필요로 하다
- Haltestelle : f. 정류장
- Linie : f. 노선

68. 당신은 기차를 타고 떠날겁니까?

Ⓐ 당신은 기차를 타고 떠나실겁니까?

Ⓑ 네. 경주로 친구에게 갑니다.

Ⓐ 도대체 경주는 어디에 있나요?

Ⓑ 그건 저도 잘 모르겠습니다.

대구와 부산 사이에

어디쯤에 있겠죠.

Words & Phrases

- weg : 떠나서, 없어져서
- Freund : m. 친구
- denn : ~하기 때문에, 도대체
- Irgendwo : 어딘가에서
- zwischen : ~의 사이에
- dorthin : 그쪽으로
- hoffentlich : 바라건대

파렌 지이 미트 뎀 추크 벡
Fahren Sie mit dem Zug weg?

기차여행

파렌 지이 미트 뎀 추크 벡
Ⓐ Fahren Sie mit dem Zug weg?

야 추 프로인덴 나크 경주
Ⓑ Ja, zu Freunden nach Keong-Ju.

보 릭트 덴 경주
Ⓐ Wo liegt denn Keong-Ju?

다스 바이스 이히 아우크 니히트
Ⓑ Das weiß ich auch nicht.

이르겐트보 츠비센
Irgendwo zwischen

대구 은트 부산
Daegu und Busan.

여행중 병원에서

▶수면제를 좀 드릴까요?
졸 이히 이넨 슐라프미텔 게벤
Soll ich Ihnen Schlafmittel geben?

▶네, 부탁합니다.
야 비테
Ja, bitte.

▶간호사를 부르는 장치는 어디 있습니까?
보 이스트 다스 루프지그날 퓨어 크랑켄슈베스터
Wo ist das Rufsignal für Kranken schwester?

69. 여기서 우체국은 어떻게 가야 합니까?

Ⓐ 실례합니다. 제가 여기서

우체국으로 어떻게 가야 합니까?

Ⓑ 당신은 큰거리 위로 가셔서는

곧바로 걸어가십시오.

세종로 모퉁이에 우체국이 있습니다.

Ⓐ 알려주셔서 감사합니다.

WORDS & PHRASES

- zur : zu der의 줄임(~로)
- Hauptstraße: f. 큰 거리, 중앙통
- geradeaus : 곧바로
- Ecke : f. 모퉁이, 구석
- Auskunft : f. 정보, 안내

Wie Komme ich von hier zur Post?
비이 콤메 이히 폰 히어 추어 포스트

우체국

Ⓐ Entschuldigen Sie,
엔트슐디겐 지이

wie komme ich von hier zur Post?
비이 콤메 이히 폰 히어 추어 프스트

Ⓑ Gehen Sie über die Hauptstraße.
겐 지이 위버 디 하웁트슈트라쎄

dann geradeaus An der Ecke
단 게라데아우스 안 데어 엑케

Sejong-straße ist die Post.
세종 슈트라쎄 이스트 디 포스트

Ⓐ Vielen Dank für die Auskunft!
필렌 당크 피어 디 아우스쿤프트

여행중 병원에서

▶소변이 보고 싶습니다.
Ich möchte Wasser lassen.
이히 모히테 바써 라쎈

▶마실 것 좀 주십시오.
Bringen Sie mir was trinken.
브링엔 지 미어 바스 트링켄

▶산책을 해도 됩니까?
Darf ich Sparziergang machen?
다르프 이히 슈파찌어강 마헨

70. 저에게 어떤 것을 설명해 줄 수 있습니까?

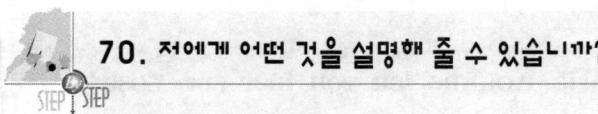

Ⓐ 실례합니다. 제가 당신께

뭐 좀 물어봐도 될까요?

전 신문기자로써 일하고 있습니다.

Ⓑ 대체 당신은 무엇을 알고 싶습니까?

Ⓐ 전 독일에 있는

스포츠 클럽에 대해

관심이 있습니다.

WORDS & PHRASES

- erzählen : 설명하다, 이야기하다
- arbeiten : 일하다, 공부하다
- Journalist : m. 신문기자

_{쾨ㄴ넨   지이 미어 에트바스   에어첼렌}
Können Sie mir etwas erzählen?

설명

_{엔트슐디겐   지이}
Ⓐ Entsehuldigen Sie,

_{다르프 이히 지이 에트바스 프라겐}
darf ich Sie etwas fragen?

_{이히 아르바이테 알스   요르날리스트}
Ich arbeite als Journalist.

_{바스   뫼히텐   지이 덴   비쎈}
Ⓑ Was möchten Sie denn wissen?

_{이히 인터레씨레   미히 퓌어}
Ⓐ Ich interessiere mich für

_{덴   스포트 클룹 인 데어}
den Sport-klub in der

_{분데스레푸블릭   도이취란트}
Bundesrepublik Deutschland.

WORDS & PHRASES

- interessieren : 흥미가 있다, 관심이 있다
- Bundesrepublik : f. 연방공화국
- Deutschland : 독일

71. 그 집은 아직 비어 있습니까?

Ⓐ 안녕하세요 김씨.

 신문에 실린 그 집이

 아직 비어 있습니까?

Ⓑ 네.

Ⓐ 잘됐군요, 그 집은 크기가 얼마나 됩니까?

Ⓑ 62 평방미터입니다.

Ⓐ 아하, 그러면 얼마입니까?

Ⓑ 480 마르크입니다.

WORDS & PHRASES

- Zeitung : f. 신문
- Prima : 뛰어난, 좋은
- Quadratmeter : n. 평방미터

> 이스트 디 보눙　　　노크 프라이
> **Ist die Wohnung noch frei?**

집을 구할 때

Ⓐ 구텐 탁 헤어 김
Guten Tag, Herr Kim!

디 보눙 인 데어 차이퉁
Die Wohnung in der Zeitung

이스트 노크 프라이
ist noch frei?

Ⓑ 야
Ja.

Ⓐ 프리마 비이 그로쓰 이스트 디 보눙
Prima, wie groß ist die Wohnung?

Ⓑ 츠바이 운트 제히찌히 쿠바트라트메터
62 Quadratmeter.

Ⓐ 아하 운트 바스 코스테트 지이
Aha, Und was kostet Sie?

Ⓑ 피어 헌드케드 아크트찌히 마르크
480, —Mark.

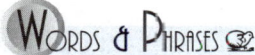

- sofort : 즉시

72. 우리는 식사를 주문하고 싶습니다.

Ⓐ 우리는 식사를 주문을 하고 싶습니다.

Ⓑ 네 당신들은 무얼 드시겠습니까?

Ⓐ 전 야채스프를 먹겠습니다.

Ⓑ 그리고 뭘 마시겠습니까?

Ⓐ 백포도주 한 잔 주세요.

Ⓑ 당신은요?

Ⓒ 스테이크를 먹겠습니다.

사과쥬스도 함께요.

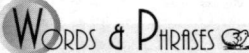

- bestellen : 주문하다
- Gemüsesuppe : f. 야채스프
- Glas : n. 잔

비어 뫼히텐 게른 베슈텔렌
Wir möchten gern bestellen.

식사 주문

비어 뫼히텐 게른 베슈텔렌
Ⓐ **Wir möchten gern bestellen.**

키테 비스 콤멘 지이
Ⓑ **Bitte, was kommen Sie?**

이히 네메 아이네 게뮈제주페
Ⓐ **Ich nehme eine Gemüsesuppe.**

운트 바스 트링켄 지이
Ⓑ **Und was trinken Sie?**

아인 글라스 바이쓰바인
Ⓐ **Ein Glas Weißwein.**

운트 지이
Ⓑ **Und Sie?**

아인 스테이크 비테
Ⓒ **Ein Steak bitte.**

미트 아이넴 압펠자프트
Mit einem Apfelsaft.

Words & Phrases

- Weißwein : n. 백 포도주
- Steak : n. 구운 고기

167

73. 시청이 어디에 있습니까?

Ⓐ 실례합니다.

시청이 어디에 있습니까?

Ⓑ 죄송하지만,

모르겠는데요.

저도 여기는 처음입니다.

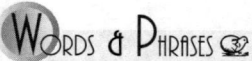

- Rathaus : n. 시청
- es tut mir leid : 유감스럽다, 미안하다
- fremd : 낯선

보 이스트 다스 라트하우스
Wo ist das Rathaus?

위치 묻기

엔트슐디겐 지이 비테
Ⓐ **Entschuldigen Sie bitte,**

보 이스트 다스 라트하우스
wo ist das Rathaus?

투트 미어 라이트
Ⓑ **Tut mir leid,**

다스 바이쓰 이히 니히트
das weiß ich nicht.

이히 빈 아우크 프렘트 히어
Ich bin auch fremd hier.

여행중 병원에서

▶담배 피워도 됩니까?
다르프 이히 라우헨
Darf ich rauchen?

▶전화를 걸어도 되겠습니까?
다르프 이히 텔레폰니어렌
Darf ich telefonieren?

▶언제 퇴원하게 됩니까?
반 칸 이히 다스 크랑켄하우스 베어라센
Wann kann ich das Krankenhaus verlassen?

74. 이리와서 차를 타라!

Ⓐ 이리와서 차를 타라!

Ⓑ 너 뭐할려고 하니?

Ⓐ 내가 너를 집으로 데려다 줄께.

Ⓑ 그렇게 너는 할 수 없어.

넌 취했어.

Ⓐ 허튼소리 하지마. 이리와서 차를 타!

Ⓑ 그만둬! 넌 운전을 해선 안돼.

Ⓐ 누가 그렇게 말해?

Ⓑ 경찰관이.

콤 슈타이크 아인
Komm, steig ein!

음주운전

Ⓐ 콤 슈타이크 아인
Komm, steig ein!

Ⓑ 바스 빌스트 두
Was willst du?

Ⓐ 이히 브링 디히 나크 하우제
Ich bringe dich nach Hause.

Ⓑ 다스 칸스트 두 니히트
Das kannst du nicht,

두 비스트 베트룽켄
du bist betrunken!

Ⓐ 쿠바취 콤 슈타이크 아인
Quatsch, komm, steig ein!

Ⓑ 훼어 아우프 다스 다르프스트 두 니히트
Hör auf! Das darfst du nicht!

Ⓐ 베어 작트 다스
Wer, sagt das?

Ⓑ 디 폴리차이
Die Polizei

75. 여기에 주차시켜서는 안됩니다!

Ⓐ 당신은 글을 읽을 줄도 모릅니까?

Ⓑ 어떻다구요?

Ⓐ 왜 당신은 나의 현관 입구에

주차를 시킵니까?

당신이 여기에 주차시켜서는 안됩니다!

거기에 간판이 있잖아요!

Ⓑ 죄송합니다.

WORDS & PHRASES

- parken : 주차시키다, 세우다
- lesen : (책을)읽다
- Einfahrt : f. 입구, 현관 입구
- Schild : n. 간판, 광고

히어 뒤르펜 지이 니히트 파르켄
Hier dürfen Sie nicht parken!

주차

쾨ㄴ넨 지이 니히트 레젠
Ⓐ Können Sie nicht lesen?

비이 비테
Ⓑ Wie bitte?

바룸 파르켄 지이 포어
Ⓐ Warum parken Sie vor

마이너 아인파르트
meiner Einfahrt?

히어 뒤르펜 지이 니히트 파르켄
Hier dürfen Sie nicht parken!

다 이스트 도크 다스 쉴트
Da ist doch das Schild!

에스 투트 미어 야 아우크 라이드
Ⓑ Es tut mir ja auch leid.

여행중 병원에서

▶여기 약이 있습니다.
히어 진트 디 타블레텐
Hier sind die Tabletten.

▶약을 드십시오.
네멘 지 디 타블레텐
Nehmen Sie die Tabletten.

76. 전 제 돈을 되돌려 받고자합니다

Ⓐ 그 자켓은 흠이 있어요.

Ⓑ 왜 당신이 주의하지 않았나요?

Ⓐ 전 제 돈을 되돌려 받고자 합니다.

Ⓑ 안됩니다. 그렇게는 되지 않습니다.

Ⓐ 당신은 그 자켓을 회수하여야 합니다.

WORDS & PHRASES

- Geld : n. 돈
- zurück : 뒤로, 되돌려서
- Fehler : m. 결함, 결점
- aufpaßt : aufpassen(주의하다)
- zurücknehmen : 회수하다
- gekauft : kaufen(사다)의 과거분사

이히 빌 마인 겔트 추릭크하벤
Ich will mein Geld zurückhaben!

반품

Ⓐ 데어 플로버 하트 아이넨 펠러
Der Pullober hat einen Fehler.

Ⓑ 바룸 하벤 지이 니히트 아우프게파쓰트
Warum haben Sie nicht aufgepaßt!

Ⓐ 이히 빌 마인 겔트 추릭크하벤
Ich will mein Geld zurückhaben!

Ⓑ 나인 다스 게트 니히트
Nein, das geht nicht!

Ⓐ 지이 뮈쎈 덴 풀로버 추릭크너멘
Sie müssen den pullover Zurücknehmen!

여행중 소매치기

▶ 도와주세요.
힐페 힐페
Hilfe! Hilfe!

▶ 내 지갑이 없어졌어요.
마인 겔트보이텔 이스트 벡
Mein Geldbeutel ist weg.

▶ 경찰을 부르겠습니다.
이히 루페 폴리짜이
Ich rufe Polizei.

77. 그것은 어디에 있습니까?

Ⓐ 안녕하세요.

전 자동차를 신고하고 싶은데요.

그 허가장소는 어디에 있습니까?

Ⓑ 2층에 있습니다.

왼쪽으로 첫번째 문이 201호실입니다.

Ⓐ O.K, 감사합니다.

Words & Phrases

- Auto : n. 자동차
- anmelden : 신고하다, 통지하다
- Zulassung : f. 허가, 허용
- Stelle : f. 자리, 장소
- Stock : m. 덩이, 층, 줄기
- erste : 첫번째

Wo ist das?

자동차 신고

Ⓐ Guten Tag!

Ich möchte ein Auto anmelden.

Wo ist die Zulassungsstelle?

Ⓑ Im Zweiten Stock,

erste Tür links, Nummer 201.

Ⓐ O.K, danke!

여행중 소매치기

▶신용카드를 도난당했습니다.
Mir wurde die Kreditkarte gestohlen.

▶성함을 부탁합니다.
Ihr Name, bitte.

▶한국에서 온 김인수입니다.
Mein Name ist In Su, Kim aus Korea.

78. 진심으로 환영합니다.

Ⓐ 너로구나 발터야!

진심으로 환영한다.

네가 다시 한번 한국으로 오게 되다니!

Ⓑ 그래. 그런데 유감스럽게도 이번에

내 방문은 기간이 아주 짧아.

Ⓐ 안됐구나. 우리가 시간이 조금밖에 가지질 못했다니!

WORDS & PHRASES

- Herzlich : 진심으로
- willkommen : 환영받는, 즐거운
- wieder : 다시
- einmal : 다시 한번
- Besuch : n. 방문

환영

헤르츠리히 빌콤멘
Herzlich willkommen!

A: 다 비스트 두 야 발터
Da bist du ja, Walter!

헤르츠리히 빌콤멘
Herzlich willkommen!

두 콤스트 아우크 비이더
Du kommst auch wieder

아인말 느크 코레아
einmal nach Korea!

B: 야 아버 라이더 이스트 마인
Ja, aber leider ist mein

베주크 디스말 제어 쿠르츠
Besuch diesmal sehr kurz.

A: 샤데 다 하벤 비어 야 누어 베나히 차이트
Schade, da haben wir ja nur wenig Zeit!

Words & Phrases

- diesmal : 이번에
- kurz : 짧은
- ja : 정말
- wenig : 거의 ~없는
- schaden : 나쁘다

79. 건강

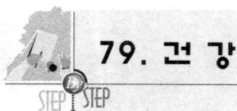

Ⓐ 너 지금 담배 한 대 피울래?

Ⓑ 고맙지만 난 담배를 더 이상 피우지 않아.

담배는 내 건강을 해치거든.

Ⓐ 그렇지만, 그럼 케이크 한 조각 더 먹을래?

Ⓑ 아냐!

너의 케이크는 아주 맛있지만,

케이크는 내 외모를 망치게 하지.

WORDS & PHRASES

- ranchen : 담배피다
- schaden : 해롭게 하다
- Gesundheit : f. 건강
- Stuck : n. 조각
- Kuchen : m. 과자, 케이크
- Figur : f. 형체, 외모

Gesundheit
게준트하이트

건강

<small>뫼히테스트 두 예츠트 아이네 치가레테</small>
Ⓐ Möchtest du jetzt eine Zigarette?

<small>당케 이히 라우헤 니히트 메어</small>
Ⓑ Danke, ich rauche nicht mehr.

<small>치가레텐 샤덴 마이너 게준트하이트</small>
Zigaretten schaden meiner Gesundheit.

<small>아버 아인 슈틱크 쿠켄 님스트 두 노크</small>
Ⓐ Aber ein Stuck Kuchen nimmst du noch?

<small>나인 당케</small>
Ⓑ Nein danke!

<small>다인 쿠켄 이스트 제어 굿</small>
Dein Kuchen ist sehr gut,

<small>아버 쿠켄 샤데트 마이너 피구어</small>
aber Kuchen schadet meiner Figur.

비행기 예약

▶1시 출발 비행기편으로 바꾸고 싶습니다.
<small>이히 헤테 게른 덴 플룩 움 아인 우어</small>
Ich hätte gern den Flug um 1 Uhr.

▶이용할 좌석이 있습니까?
<small>하벤 지 플랏츠</small>
Haben Sie Platz?

80. 음식점에서

Ⓐ 웨이터, 메뉴판 좀 갖다 주시겠어요!

어떤 것이 있지? 흠,

야채스프, 쇠고기 그리고

샐러드 그리고 디저트.

그래요. 웨이터 저에게 이것들을

갖다 주세요.

Ⓑ 그럼 무얼 마시겠습니까?

Ⓐ 아직 지금은 안마시구요, 하지만

식사 후에 커피를

마시고 싶군요.

Im Gasthaus

음식점에서

(A) Herr ober, die Speisekarte bitte!

Was gibt's denn? Hm,

Gemüsesuppe, Rindfleisch

mit Kartoffeln und Salat

und einen Nachtisch.

Ja, bringen Sie mir das!

(B) Und was trinken Sie?

(A) Jetzt noch nichts, aber nach

dem Essen möchte ich eine

Tasse Kaffee.

81. 당신은 무엇을 선물하고자 합니까?

Ⓐ 당신은 그에게 대체 무엇을 선물하려고 합니까?

Ⓑ 담배 피울 것을 선물하려고 생각합니다.

그러나 그의 부인에게는

무엇을 가져갈 수 있을까요?

Ⓐ 아마 약간의 꽃이 어떨까요?

Ⓑ 네 좋군요, 그렇게 하겠습니다.

WORDS & PHRASES

- schenken : 선물하다
- mitbringen : 가지고 가다
- ein paar : 두 서넛의, 약간의

선물

바스 볼렌 지이 쉥켄
Was wollen Sie schenken?

바스 볼렌 지이 임 덴 쉥켄
Ⓐ Was wollen Sie ihm denn Schenken?

에트바스 쯤 라우켄 뎅케 이히
Ⓑ Etwas Zum Rauchen, denke ich.

아버 바스 칸 이히 자이너
Aber was kann ich seiner

프라우 미트브링엔
Frau mitbringen?

필라이히트 아인 파르 블루멘
Ⓐ Villeicht ein paar Blumen?

야 굿 다스 마케 이히
Ⓑ Ja gut, das mache ich.

호텔 체크아웃

▶김인호이고 505호실입니다.
이히 빈 인호 김 운트 찜머 퓜프눌퓜프
Ich bin In-ho, Kim und Zimmer 505.

▶여행자수표로 지불하고 싶습니다.
이히 뫼히테 미트 라이제쉑스 쫠렌
Ich möchte mit Reiseschecks zahlen.

▶여기 있습니다.
히어 비테
Hier bitte.

82. 당신과 동행해도 될까요?

Ⓐ 전 영화관에 가고 싶은데요.

Ⓑ 잘됐군요. 제가 당신과 동행해도 될까요?

Ⓐ 물론이죠. 왜 안되겠어요?

Ⓑ 우리는 아직 반 시간이나 남았는데요.

우리가 아직 커피를 마실수는 있겠군요.

제가 당신을 초대해도 될까요?

Ⓐ 네. 좋아요.

WORDS & PHRASES

- begleiten : 동반하다, 동행하다
- eine halbe Stunde : 반시간
- einladen : 초대하다

동행

다르프 이히 지이 베글라이텐
Darf ich Sie begleiten?

이히 뫼히테 인스 키노 겐
Ⓐ Ich möchte ins Kino gehen.

제어 쇤 다르프 이히 지이 베글라이텐
Ⓑ Sehr schön. Darf ich sie begleiten?

나튀어리히 바룸 니히트
Ⓐ Natilrüch, warum nicht?

비어 하벤 노크 아이네 할베
Ⓑ Wir haben noch eine halbe

스툰데 지이트 다 쾨넨 비어
Stunde Zeit. Da können wir

노크 카페 트링켄
noch Kaffee trinken.

다르프 이히 지이 아인라덴
Darf ich Sie einladen?

야 게른
Ⓐ Ja, gern.

WORDS & PHRASES

- darf ich ~ : 부탁이나 요청할 때 정중히 쓰는 표현(~해도 될까요)

83. 초대

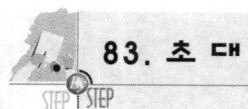

Ⓐ 안녕 민호야!

너 오늘 저녁에 우리집에

식사하러 올 수 있니?

Ⓑ 고마워, 그렇지만

오늘은 유감스럽게도 갈 수가 없어.

Ⓐ 그러면 내일쯤은?

Ⓑ 좋아 갈께.

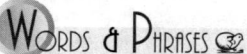

- Einladung : f. 초대
- zum Essen : 식사하러
- villeicht : 아마도

아이네 아인라둥
Eine Einladung

초대

Ⓐ 구텐 도르겐 민호
Guten Morgen, Min-ho!

칸스트 두 호이테 아벤트 추
Kannst du heute abend Zu

운스 춤 에쎈 콤멘
uns Zum Essen kommen?

Ⓑ 필렌 당크 아버 호이테
Vielen Dank, aber heute

게트 에스 라이더 니히트
geht es leider nicht.

Ⓐ 단 필라이히트 모르겐
Dann vielleicht morgen?

Ⓑ 야 게른
Ja, gern.

기본적인 단어

▶ 상점
게쉐프트
Geschäft

▶ 번화가
하우프트게쉐프츠슈트라세
Hauptgeschäftsstraße

84. 반갑습니다!

Ⓐ 반갑습니다!

어떻게 지내십니까?

Ⓑ 잘 지냅니다!

그리고 일전의 저녁에 대해

다시 한번 감사를 드립니다.

Ⓐ 네. 그것은 정말 즐거웠습니다.

우리가 곧 다시 만날 수는 없을까요?

Ⓑ 네 좋습니다. 전 내일 아무 계획도 없습니다.

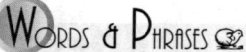

- freuen : 기쁘다
- nochmal : 다시 한번
- neulich : 일전의, 최근의

Ich freue mich sehr!

만남

이히 프로이에 미히 제어

A 이히 프로이에 미히 제어
Ich freue mich sehr!

비이 게트 에스 이넨 덴
Wie geht es Ihnen denn?

B 당케 굿
Danke gut!

운트 노크말스 필렌 당크 피어
Und nochmals vielen Dank für

덴 아벤트 노이리히
den Abend neulich!

A 야 다스 바 비르크리히 네트
Ja, das war wirklich nett.

쾨넨 비어 운스 니히트 발트 비더 트레펜
Können wir uns nicht bald wieder treffen?

B 야 굿 모르겐 하베 이히 니히츠 포어
Ja gut, morgen habe ich nichts vor.

Words & Phrases

- wirklich : 정말로
- bald : 곧, 즉시
- treffen : 만나다
- vorhaben : 계획하다

191

85. 그녀를 당신께 소개해도 될까요?

Ⓐ 분명히 당신은 벌써 기다리셨군요.

죄송합니다.

전 제 친구를 만나서 우리는

조금 늦었어요.

제가 당신에게 기젤라를 소개해도 될까요?

이 분은 김씨야, 기젤라!

Ⓑ 반갑습니다!

Ⓒ 반갑습니다!

WORDS & PHRASES

- vorstellen : 소개하다
- sicher : 분명히
- warten : 기다리다

소개

다르프 이히 ㅈ이 이넨 포어슈텔렌
Darf ich sie Ihnen vorstellen?

Ⓐ 지이 하벤 지헤어 숀 게바르테트
Sie haben sicher schön gewartet,

엔트슐디겐 지이 비테
entschuldigen Sie bitte!

이히 하베 마이네 프로인딘 게트로펜 운트
Ich habe meine Freundin getroffen, und

비어 하벤 운스 아인 베니히 페어슈페테트
wir haben uns ein wenig verspätet.

다르프 이히 이넨 기젤라 포어슈텔렌
Darf ich Ihnen Gisela vorstellen?

다스 이스트 헤어 김 기젤라
Das ist Herr Kim, Gisea!

이히 프로이에 미히
Ⓑ Ich freue mich!

이히 프로이에 미히
Ⓒ Ich freue mich!

Words & Phrases

- ein wenig : 조금
- verspäten : 연기시키다, 지체시키다

86. 상점에서

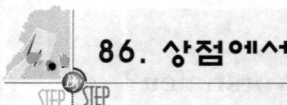

Ⓐ 우리에게 빵이 필요하니?

Ⓑ 그래 집에는 하나도 없어.

Ⓐ 우리 우유 두 병 살까?

Ⓑ 한 병으로 충분해. 난 맥주를 마실거야.

WORDS & PHRASES

- Geschäft : n. 상점
- Brot : n. 빵
- brauchen : 필요로 하다
- Haus(e):n. 집
- keins : nicht eins
- genug : 충분한
- reichen : 충분하다, 넉넉하다
- Essig : m. 초
- Öl : n. 식용유
- Salz : m. 소금

임 게세프트
Im Geschäft

<small>상점에서</small>

Ⓐ 브라우켄 비어 브로트
Brauchen wir Brot?

Ⓑ 야 이히 하베 카인스 메어 추 하우제
Ja, ich habe keins mehr zu Hause.

Ⓐ 네멘 비어 츠바이 플라쉔 밀히
Nehmen wir zwei Flaschen Milch?

Ⓑ 아이네 이스트 게누크 이히 트링케 비어
Eine ist genug. Ich trinke Bier.

기본적인 단어

▶ **가격표**
프라이스리스테
Preisliste

▶ **여행용가방**
라이제코퍼
Reisekoffer

▶ **가을**
헤릅스트
Herbst

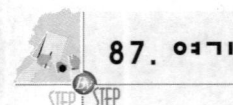

87. 여기 택시가 있습니까?

Ⓐ 여기 택시가 있습니까?

Ⓑ 네, 어서 타세요!

어디로 가십니까?

Ⓐ 19번 탈 거리에요!

얼마나 걸립니까?

Ⓑ 10분 내에 탈 거리에 도착합니다.

Ⓐ 감사합니다. 그러면 난 정각에 갈 수 있겠군요.

WORDS & PHRASES

- Wie lange dauert ~? : 얼마나 오래 걸립니까?
- Minute : f. 분
- Fahrt : f. 여행, 진행

택시

이스트 다스 탁시 히어 프라이
Ist das Taxi hier frei?

이스트 다스 탁시 히어 프라이
Ⓐ Ist das Taxi hier frei?

야 비테 슈타이겐 지이 아인
Ⓑ Ja, Bitte steigen Sie ein!

보힌 파렌 지이
Wohin fahren Sie?

탈슈트라쎄 노인첸 비테
Ⓐ Talstraße 19 bitte!

비이 랑어 다우어트 디 파르트
Wie lange dauert die Fahrt?

인 첸 미누텐 진트 비어 인 데어 탈슈트라쎄
Ⓑ In 10 Minuten sind wir in der Talstraße.

굿 단 콤메 이히 노크 핑크트리히
Ⓐ Gut, dann komme ich noch pünktlich.

Words & Phrases

- wir : 우리들은
- pünktlich : 정확하게

88. 건강하십니까?

Ⓐ 당신은 건강하십니까?

Ⓑ 전 건강치 못합니다.

전 소화불량으로 괴로워 하고 있습니다.

Ⓐ 당신은 너무 많이 드셨군요. 그렇지 않아요?

Ⓑ 그럴지도 모릅니다.

Ⓐ 너무 많이 드시지 말고 약간 운동을 하세요.

그러면 당신은 즉시 다시

건강해질 겁니다.

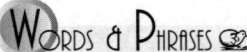

- fühlen : 느끼다 (wie fühlen Sie? : 건강을 물을 때)
- wohl : 건강한, 잘 있는
- leiden : 괴로워하다, 참다

Wie fühlen Sie sich?

건강에 대해

ⓐ Wie fühlen Sie sich?

ⓑ Ich fühle mich nicht wohl.

Ich leide an schlechter Verdauung.

ⓐ Sie haben zu vielgegessen, nicht wahr?

ⓑ Das mag sein.

ⓐ Essen Sie nicht zu viel

und bewegen Sie sich etwas,

dann werden Sie bald wieder gesund.

Words & Phrases

- Schlecht : 나쁜
- essen : 먹다
- bewegen : 움직이다
- Verdauung : f. 소화
- mag = mögen (좋아하다)
- gesund : 건강한

89. 당신은 몇 시에 일어나십니까?

Ⓐ 당신은 몇 시에 일어나십니까?

Ⓑ 전 6시 30분에 일어납니다.

Ⓐ 그러면 당신은 몇 시에 주무십니까?

Ⓑ 저는 10시에 잠자러 갑니다.

WORDS & PHRASES

- stehen : 서다
  * auf stehen : 일어나다
- Bett : n. 침대
  * gehen zu Bett : 잠자러 가다

기상과 수면

움 비이필 우어 슈텐 지이 아우프
Um wieviel Uhr stehen Sie auf?

Ⓐ 움 비이필 우어 슈텐 지이 아우프
Um wieviel Uhr stehen Sie auf?

Ⓑ 이히 슈테 움 할프 지번 아우프
Ich stehe um halb sieben auf.

Ⓐ 단 움 비이필 우어 겐
Dann um wieviel Uhr gehen

지이 추 베트
Sie zu Bett?

Ⓑ 이히 게에 움 첸 우어 추 베트
Ich gehe um zehn Uhr zu Bett.

기본적인 단어

▶바다의 경치
디 아우스지히트 아우프 다스 메어
die Aussicht auf das Meer

▶아름다운 경치
쉐네 란트샤프트
schöne Landschaft

▶관광 안내소
투리스트 인포마찌온
Tourist Information

90. 전 감기가 걸렸습니다.

Ⓐ 전 감기가 걸렸습니다.

Ⓑ 당신은 기침을 약간 합니까?

Ⓐ 네. 그리고 열도 조금 있습니다.

Ⓑ 체온을 재어보았습니까?

Ⓐ 네. 37.5도 였습니다.

Ⓑ 회복되시길 빕니다.

WORDS & PHRASES

- erkälten : 식히다, 감기들게 하다
- ein bißchen : 약간
- ein wenig : 조금
- Huste : m. 기침
- Fieber : n. 병, 열병
- Temperatur : f. 온도, 체온
- messen : 측량하다
- Besserung : f. 회복, 좋아짐

감기

이히 하베 미히 에어켈테트
Ich habe mich erkältet.

- Ⓐ 이히 하베 미히 에어켈테트
  Ich habe mich erkältet.

- Ⓑ 하벤 지이 아인 비스켄 후스텐
  Haben Sie ein bißchen Husten?

- Ⓐ 야 운트 이히 하베 아인 베니히 피버
  Ja, und ich habe ein wenig Fieber.

- Ⓑ 하벤 지이 이레 템페라투어 게메쎈
  Haben Sie Ihre Temperatur gemessen?

- Ⓐ 야 지이 바 지벤운트드라이씨히핀프
  Ja, sie war 37.5.

- Ⓑ 구테 베써룽
  Gute Besserung!

기본적인 단어

▶시내관광
슈타트룬트파르트
Stadtrundfahrt

▶단체여행
게젤샤프츠라이제
Gesellschaftsreise

▶야간비행
나하트플룩
Nachtflug

91. 당신은 몇 살입니까?

Ⓐ 당신은 몇 살입니까?

Ⓑ 저는 25살입니다.

Ⓐ 그러면 당신은 저와 나이가 같군요.

Ⓑ 당신의 남동생은 몇 살입니까?

Ⓐ 그는 곧 20살이 됩니다.

WORDS & PHRASES

- alt : 늙은, 오래된
- Jahre : f. 해, 年
- ebenso : 똑같은
- jüngerer : jung (젊은, 어린)의 비교격
- Bruder : m. 남동생
- demnächst : 곧, 바로 이 다음에

Wie alt sind Sie?
<small>비이 알트 진트 지이</small>

나이

<small>비이 알트 진트 지이</small>
Ⓐ Wie alt sind Sie?

<small>이히 빈 핀프 운트 츠반찌히 야헤 알트</small>
Ⓑ Ich bin fünf-und-zwanzig Jahre alt.

<small>단 진트 지이 에벤조 알트 비이 이히</small>
Ⓐ Dann sind Sie ebenso alt Wie ich.

<small>비이 알트 이스트 이어 뎡어러 브루더</small>
Ⓑ Wie alt ist Ihr jüngerer Bruder?

<small>에어 비어트 뎀넥스트 츠반찌히</small>
Ⓐ Er wird demnächst zwanzig.

기본적인 단어

▶ **공항 택시**
<small>탁시 암 플룩하펜</small>
Taxi am Flughafen

▶ **면세점**
<small>두터프리 숍</small>
Duty-free shop

▶ **비행편 번호**
<small>플룩눔머</small>
Flugnummer

92. 이곳에서 가깝습니까?

Ⓐ 이 근처에 영화관이 있습니까?

Ⓑ 네.

Ⓐ 이곳에서 가깝습니까?

Ⓑ 네.

당신은 이 거리를 끝까지 가셔서

그런 후에 오른쪽으로 돌아가십시오.

Ⓐ 감사합니다.

Ⓑ 천만에요.

- Nähe : f. 근처, 근방
- Straße : f. 거리
- Ende : f. 끝, 가장자리

이스트 에스 히어 인 데어 네에
Ist es hier in der Nähe?

영화관

이스트 히어 인 데어 네에 아인 키노
Ⓐ **Ist hier in der Nähe ein Kino?**

야
Ⓑ **Ja.**

이스트 에스 히어 인 데어 네에
Ⓐ **Ist es hier in der Nähe?**

야
Ⓑ **Ja.**

겐 지이 디제 슈트라쎄 추 엔데
Ⓐ **Gehen Sie diese Straße zu Ende,**

운트 단 비이겐 지이 레히츠 아인
Ⓑ **und dann biegen Sie rechts ein.**

당케 쇤
Ⓐ **Danke schön.**

비테 제어
Ⓑ **Bitte sehr.**

WORDS & PHRASES

- biegen ~ein : einbiegen 굽다, 휘어지다
- rechts 오른편

93. 당신은 어디를 구경하시길 원하죠?

Ⓐ 당신은 어디를 구경하시길 원합니까?

Ⓑ 당신은 우리를 가장 유명한

명소로 데려다 주십시오.

Ⓐ 저, 구경하고 싶은 곳을

당신이 선택하십시오.

Ⓑ 우리들은 우선 박물관을 구경하고

싶습니다.

Ⓐ 네 잘 알았습니다.

WORDS & PHRASES

- berühmt : 유명한
- sehen : 보다 Sehen : 구경
- Würdigkeit : f. 가치
- wählen : 선택하다. auswählen : 고르다

Was wünschen Sie zu sehen?

유명한 명소

Ⓐ _{바스 빈쉔 지이 추 젠}
Was wünschen Sie zu sehen?

Ⓑ _{파렌 지이 온스 추 덴}
Fahren Sie uns zu den

_{베륌터스테 젠스비르디히카이텐}
berühmtesten Sehenswürdigkeiten.

Ⓐ _{비테 벨렌 지이 아우스}
Bitte, wählen Sie aus,

_{바스 지이 젠 볼렌}
was Sie sehen wollen.

Ⓑ _{비어 뫼히텐 온스 에어스트 다스}
Wir möchten uns erst das

_{무제움 안젠}
museum ansehen.

Ⓐ _{야볼}
Jawohl.

WORDS & PHRASES

- Museum : n. 박물관
- ansehen : 보다, 주시하다
- jawohl : 그렇습니다, 좋습니다

94. 모자 가게에서

Ⓐ 저는 모자를 원합니다.

Ⓑ 저 이리로 오세요.

치수가 얼마입니까?

Ⓐ 전 정확하게는 모릅니다.

저 치수를 재어 주십시오.

Ⓑ 좋습니다.

저 이것을 한번 써보세요.

Ⓐ 이 모자는 저에게 약간 작군요.

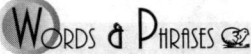

- Hutgeschäft : n. 모자 가게
- Hut : m. 모자
- hierher : 이리로
- genau : 정확한

Im Hutgeschäft
임 후트게쉐프트

쇼핑

Ⓐ **Ich möchte einen Hut.**
이히 뫼히테 아이넨 후트

Ⓑ **Bitte hierher.**
비테 히어헤어

Welche Größe haben Sie?
벨케 그뢰쎄 하벤 지이

Ⓐ **Ich weiß es nicht genau.**
이히 바이쓰 에스 니히트 게나우

Bitte, nehmen Sie mir Maß.
비테 네멘 지이 미어 마쓰

Ⓑ **Jawohl.**
야볼

Bitte, probieren Sie einmal diesen!
비테 프로비렌 지이 아인말 디젠

Ⓐ **Dieser Hut ist mir etwas zu eng.**
디저 후트 이스트 미어 에트바스 추 엥

WORDS & PHRASES 32

- Maß n. 치수, 도량
- probieren : 시험하다
- eng : 좁은

95. 구두가게에서

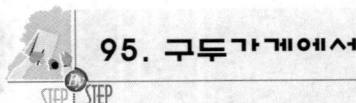

Ⓐ 저는 구두 한 켤레를 주문하고 싶은데요.

Ⓑ 어떤 색깔을 원하십니까?

Ⓐ 전 진한 갈색을 원합니다.

Ⓑ 당신은 어떤 형태를 원합니까?

Ⓐ 저에게 기성화 몇 켤레를 보여주십시오.

WORDS & PHRASES

- Schuh : m. 구두
- ein Paar : 한 쌍
- bestellen : 주문하다
- Farbe : f. 색깔
- Form : f. 형태
- einige : 서너 개의
- fertig : 완성된
- zeigen : 보여주다
- gewiß : 확실한

Beim Schuhmacher
바임 슈마케어

쇼핑

ⓐ Ich möchte ein Paar Schue bestellen.
이히 뫼히테 아인 프-르 슈에 베슈텔렌

ⓑ Was für eine Farbe wünschen Sie?
바스 피어 아이네 파르베 빈셴 지이

ⓐ Ich möchte gerne dunkelbraun.
이히 뫼히테 게르네 둥켈브라운

ⓑ Was für eine Form wünschen Sie?
바스 피어 아이네 포름 빈쉔 지이

ⓐ Zeigen Sie mir einige fertige Schuhe.
차이겐 지이 미어 아이니게 페르티게 슈에

기본적인 단어

▶호텔의 로비
포이어
Foyer

▶호텔보이
호텔보이
Hotelboy

▶호텔의 객실담당원
찜머 메티첸
Zimmer mädchen

96. 이발소에서

Ⓐ 전 머리를 깎고 싶습니다.

Ⓑ 저. 앉으십시오.

머리를 어떻게 깎아드릴까요?

Ⓐ 옆머리를 짧게 깎아주십시오.

Ⓑ 알았습니다.

Ⓐ 얼마입니까?

Words & Phrases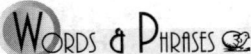

- Frisör : m. 이발사
- Haar : n. 머리
- schneiden : 자르다, 깎다
- bei : ~의 집에
- lassen : 시키다

Beim Frisör
바임 프리죄어

이발소

Ⓐ Ich möchte mir das Haar
이히 뫼히테 미어 다스 하르

schneiden lassen.
슈나이덴 라쎈

Ⓑ Bitte, nehmen Sie platz.
비테 네멘 지이 플라츠

wie soll ich Ihnen das Haar schneiden?
비이 졸 이히 이넨 다스 하르 슈나이덴

Ⓐ Schneiden Sie die Haare an
슈나이덴 지이 디 하레 안

den Seiten kurz.
덴 자이텐 쿠르츠

Ⓑ Gewiß.
게비쓰

Ⓐ Was kostet es?
바스 코스테트 에스

WORDS & PHRASES ☜

- Platz : m. 자리, 방
- soll : ~해야 한다
- Seite : f. 옆

215

97. 우체국에서

Ⓐ 어느 창구에서 우표를 살 수 있습니까?

Ⓑ 1번 창구입니다.

Ⓐ 저에게 20페니히 짜리 우표 10장을 주십시오.

전 이 편지를 항공우편으로 서울로 보내고 싶습니다.

얼마입니까?

Ⓑ 2마르크 50페니히입니다.

Auf der Post
아우프 데어 포스트

우체국

Ⓐ An welchem Schalter kann
　안　벨켐　샬터　칸

ich Briefmarken kaufen?
이히 브리프마르켄　카우펜

Ⓑ Am Schalter eins, bitte.
　암　샬터　아인스 비테

Ⓐ Bitte, geben Sie mir zehn
　비테　게벤　지이 미어 첸

Briefmarken zu 20.
브리프마르켄　추　츠반찌히

Ich möchte diesen Brief
이히 뫼히테　디젠　브리프

mit Luftpost nach Seoul senden.
미트 루프트포스트 나크 서울　젠덴

Wieviel macht das?
비이필　마크트　다스

Ⓑ DM 2.50.
　츠타이마르크 퓐프찌히

98. 어느 계절입니까?

Ⓐ 지금은 어느 계절입니까?

Ⓑ 지금은 여름입니다.

Ⓐ 어느 계절이 가장 좋습니까?

Ⓑ 봄입니다.

Words & Phrases

- Jahreszeit : f. 계절
- Sommer : 여름
- angenehm : 기분 좋은, 즐거운
- Frühling : m. 봄
- lieben : 사랑하다
- blühen : (꽃이)피다

Welche Jahreszeit haben wir?
벨케 야레스차이트 하벤 비어 — 계절

Ⓐ **Welche Jahreszeit haben wir jetzt?**
  벨케 야레스타이트 하벤 비어 예츠트

Ⓑ **Wir haben jetzt Sommer.**
  비어 하벤 예츠트 좀머

Ⓐ **Welche Jahreszeit ist am angenehmsten?**
  벨케 야레스차이트 이스트 암 안게넴스텐

Ⓑ **Der Frühling.**
  데어 프릴링

기본적인 단어

▶ **간이숙박소**
das billige Logierhaus
다스 빌리게 로기어하우스

▶ **싱글베드가 두 개의 방**
Ein Zimmer mit zwei Betten
아인 쯔머 미트 쯔바이 베텐

▶ **호텔·극장 등의 휴대품 일시 보관소**
Schließfach
슐리스파허

99. 음악회에서

Ⓐ 그것은 어디에서 개최합니까?

Ⓑ 그것은 오 극장에서 개최합니다.

Ⓐ 당신은 프로그램을 가지고 계십니까?

Ⓑ 네. 그것은 여기에 있습니다.

Ⓐ 당신은 표를 가지고 계십니까?

Ⓑ 일주일 전에 전

표 두 장을 사 두었습니다.

WORDS & PHRASES

- Konzert : n. 음악회
- Theater : n. 극장
- stattfinden : 개최하다, 열리다
- Programm : n. 프로그램
- Woche : f. 주, 일주
- besorgen : 배려하다, 걱정하다

임 콘체르트
Im Konzert

보 핀데트 에스 슈타트
Ⓐ Wo findet es statt?

에스 핀데트 임 데아터 오 수타트
Ⓑ Es findet im Theater O. statt.

하벤 지이 다스 프로그람 비이 지히
Ⓐ Haben Sie das Program bei sich?

야 히어 이스트 에스
Ⓑ Ja, hier ist es.

하벤 지이 이레 카르테
Ⓐ Haben Sie Ihre Karte?

보어 아이너 보케 하베 이ㅎ
Ⓑ Vor einer Woche habe ich
츠바이 카르텐 베조르크트
zwei Karten besorgt.

기본적인 단어

▶ 공항의 수하물 찾는곳
게펙뤽가베
Gepäckrückgabe

▶ 수하물 꼬리표
게펙솨인
Gepäckschein

100. 당신의 직업은 무엇입니까?

Ⓐ 당신은 미혼입니까 결혼하셨습니까?

Ⓑ 미혼입니다.

Ⓐ 당신의 직업은 무엇입니까?

Ⓑ 운동선수입니다.

Ⓐ 언제 어디에서 태어나셨습니까?

Ⓑ 1946년 10월 5일에 코펜하겐에서

탄생했습니다.

WORDS & PHRASES

- Beruf : m. 소환, 직업
- ledig : 자유로운, 미혼인
- geboren : gebären(태어나다)의 과거분사

Was ist Ihr Beruf?
바스 이스트 이어 베루프

직업

Ⓐ **Sind Sie ledig oder verheiratet?**
진트 지이 레디히 오더 페어하이라테트

Ⓑ **Ledig.**
레디히

Ⓐ **Was ist Ihr Beruf?**
바스 이스트 이어 베루프

Ⓑ **Ich bin Sportler.**
이히 빈 슈포틀러

Ⓐ **Wann und wo sind Sie geboren?**
반 운트 보 진트 지이 게보렌

Ⓑ **Ich bin am 5 Oktober**
이히 빈 암 퓐프텐옥토버

Ⓐ **1946 in Kopenhagen geboren.**
노인짼훈더트 젝스운트피어찌히 인 코펜하겐 제보렌

WORDS & PHRASES 32

- Oktober : 10월

| 판 권 |
| 본 사 |
| 소 유 |

O.K 독일어 회화

2002년 5월 20일 초판 인쇄
2002년 5월 30일 초판 발행

지은이 / 국제언어교육연구회
펴낸이 / 최 상 일

펴낸곳 / 태 을 출 판 사
서울특별시 강남구 도곡동 959-19
등록 / 1973년 1월10일(제4-10호)

©2001, TAE-EUL publishing Co., printed in Korea
잘못된 책은 구입하신 곳에서 교환해 드립니다.

■ **주문 및 연락처**

우편번호 １００-４５６
서울특별시 중구 신당6동 52-107 (동아빌딩 내)
전화 / 2237-5577   팩스 / 2233-6166

ISBN 89-493-0214-4 13750